새 생명 시리즈 2

새 생명으로 가는 길

이 우 배 목사 지음

"단 한 사람의 영혼을 구원하는 데
저의 생애를 모두 바치겠습니다.
이것이 제가 목사가 된 이유이며 기도입니다."

이우배 목사 프로필

- 서울장로회신학대학교
- 바탕가스 주립대학교
- 장로회신학대학원
- 인터내셔널신학대학원
- 연세대 정경대학원 교육행정학과 교육학석사
- 그레이스신학대학교 목회학박사(설교학)
- PCU대학원 철학박사 (리더십)
- 서울경찰청 경목회장 역임 및 교경회 공동회장
- 서울경찰청 제4기동단 경목실장
- 서울장신대 설교학 강의
- 모스크바 장신대 성경해석학 객원교수
- 1988~2014년 현재 금포교회 담임목사

새 생명으로 가는 길

"기독교란 훈련되고 조직된 세계가 아니라
낳고 자라나는 생명의 세계입니다.
무덤 위에 예쁜 잔디가 되지 마세요
새 생명의 비밀을 아십니까?"

모아북스
MOABOOKS

새 생명으로 가는 길

1판 1쇄 인쇄 | 2014년 09월 10일
1판 1쇄 발행 | 2014년 09월 30일

지은이 | 이우배
발행인 | 이용길
발행처 | MOABOOKS **모아북스**

관리 | 정윤
디자인 | 이룸

출판등록번호 | 제 10-1857호
등록일자 | 1999. 11. 15
등록된 곳 | 경기도 고양시 일산동구 호수로(백석동) 358-25 동문타워 2차 519호
대표 전화 | 0505-627-9784
팩스 | 031-902-5236
홈페이지 | http://www.moabooks.com
이메일 | moabooks@hanmail.net
ISBN | 978-89-97385-48-5   03230

할머니 때부터 신앙 생활을 했으니 3대라고 말할 수 있으나 저는 언제나 당대 신앙이라고 말합니다. 3대이므로 그리스도인이 아니고 구원받았으니 그리스도인이기 때문입니다.

저는 세례 받은 지 10년째 되던 해에 한얼산 기도원에서 강력한 성령의 체험을 했습니다. 10년 전 세례 받을 때 죄의 고백은 양심 또는 도덕적인 기준이었다면, 한얼산에서의 죄의 고백이 성령의 감동으로 하나님의 기준이었습니다. 하나님의 기준으로 죄의 감각이 생기면 예수님을 받아들이지 않을 수 없습니다. 저는 제 구원의 시기를 그러므로 10년 전 물세례로 보지 않고 한얼산에서의 성령의 세례로 보고 있습니다.

제 안에 성령의 역사가 너무나 강렬했기에 산으로, 들로, 교회로, 성령의 불을 지피느라 열심이었지요. 그러던 어느 날 한국제자훈련원에서 말씀으로 다지고 양육되는 훈련이 시작되었습니다. 한국제자훈련원의 양육과 동시에 신학교에 입학하게 되었고 사명감에 깊이 빠져 육신의 호된 고난을 고난인 줄 모르고 지내면서 어언 목사가 되기에 이르렀습니다. 단독목회를 하다 보니 천천히 양쪽 날개가 생기는 것을 느낄 수가 있었습니다. 성령 운동의 날개와 제자 훈련의 날개입니다. 그러던 중 제가 평소에 교인들을 가르치던 내용을 요약하여 제2단계 제자 훈련 교재가 2003년 세상에 나오게 되었고, 2014년 수정보완하여 새롭게 출판하였습니다.

2014년 6월 11일
이 우 배 목사

차 례

제 1과 하나님

믿음이란 하나님에 대한 신뢰도와 비례한다.
그러므로 하나님을 아는 지식은 신앙의 집의 대문과 같다.
지금부터 8개의 대문을 통과하도록 하겠다.

1. 첫 번째 문 – 하나님은 사랑이시다.

1) 기독교는 사랑의 종교가 아니라 하나님은 사랑이라는 사실이다. 하나님은 어떤 행위가
사랑이 아니라 하나님 자신이 사랑이라는 것이다. (요1서 4:8)
사랑하지 아니하는 자는 하나님을 알지 못하나니 이는 하나님은 사랑이심이라.

2) 하나님 자신이 사랑이므로 사랑은 주는 것이다. (마 6:3)
너는 구제할 때에 오른손이 하는 것을 왼손이 모르게 하여

3) 주기만 하는 사랑이란 전부를 준다는 것이다.

(1) 아들을 주는 사랑 (요 3:16)
하나님이 세상을 이처럼 사랑하사 독생자를 주셨으니 이는 그를 믿는 자마다
멸망하지 않고 영생을 얻게 하려 하심이라.

(2) 목숨을 주는 사랑 (요1서 3:16)
그가 우리를 위하여 목숨을 버리셨으니 우리가 이로써 사랑을 알고 우리도 형
제들을 위하여 목숨을 버리는 것이 마땅하니라.

4) 전부를 주는 사랑에는 조건이 있을 수 없다. (롬 5:8)

우리가 아직 죄인 되었을 때에 그리스도께서 우리를 위하여 죽으심으로 하나님께서 우리에 대한 자기의 사랑을 확증하셨느니라.

5) 조건 없는 사랑이란 상대방과 동일시되는 것을 말한다.

(1) 하나님이신 예수님이 인간으로 오셨다. (빌 2:5-7)

너희 안에 이 마음을 품으라 곧 그리스도 예수의 마음이니 그는 근본 하나님의 본체시나 하나님과 동등됨을 취할 것으로 여기지 아니하시고 오히려 자기를 비워 종의 형체를 가지사 사람들과 같이 되셨고

(2) 우리와 동일한 죄인이 되시고 우리가 받을 형벌을 대신 받으셨다. (빌 2:8)

사람의 모양으로 나타나사 자기를 낮추시고 죽기까지 복종하셨으니 곧 십자가에 죽으심이라

(3) 그리고 3일 만에 부활하셔서 만민이 그 앞에 무릎을 꿇게 되었다. (빌 2:9-11)

이러므로 하나님이 그를 지극히 높여 모든 이름 위에 뛰어난 이름을 주사 하늘에 있는 자들과 땅에 있는 자들과 땅 아래에 있는 자들로 모든 무릎을 예수의 이름에 꿇게 하시고 모든 입으로 예수 그리스도를 주라 시인하여 하나님 아버지께 영광을 돌리게 하셨느니라.

6) 하나님의 사랑과 인간의 사랑이 다른 점

(1) 인간의 사랑은 자기 사랑, 이기심이다.

기본 단위가 자기 사랑이고 확대하면 가족 → 이웃 → 지역 → 국가 → 인류가 된다.

(2) 하나님의 사랑은 타인중심주의, 이타심이다.

기본 단위가 자기 사랑이고 확대하면 가족 → 이웃 → 지역 → 국가 → 인류 →
하나님이 된다.

① 인간의 사랑과 하나님의 사랑은 그 모양이 같다.

② 인간의 사랑과 하나님의 사랑은 그 내용이 같지 않다.

2. 두 번째 문 - 하나님은 사랑이실 뿐 아니라 공의로운 분이다.

1) 공의는 사랑과 반대 개념을 가졌다. (신 32:4)

그는 반석이시니 그가 하신 일이 완전하고 그의 모든 길이 정의롭고 진실하고 거
짓이 없으신 하나님이시니 공의로우시고 바르시도다.

2) 하나님은 공의로우시므로 죄를 결코 용서하지 않는다. (출 34:7)

인자를 천대까지 베풀며 악과 과실과 죄를 용서하리라. 그러나 벌을 면제하지
는 아니하고 아버지의 악행을 자손 삼사 대까지 보응하리라.

3) 죄를 용서할 수 없는 하나님이시기 때문에 독생자 예수그리스도로 하여금 죄의 형벌을 대신 받도록 하셨다. (요1:29)

이튿날 요한이 예수께서 자기에게 나아오심을 보고 이르되 보라 세상 죄를 지고
가는 하나님의 어린 양이로다.

4) 하나님은 예수님을 세상에 보내시고 그리고 그 예수님에게 인간의 모든 형벌을 받게 하셨다. (벧전 2:24-25)

친히 나무에 달려 그 몸으로 우리 죄를 담당하셨으니 이는 우리로 죄에 대하여 죽고
의에 대하여 살게 하려 하심이라. 그가 채찍에 맞음으로 너희는 나음을 얻었나니

너희가 전에는 양과 같이 길을 잃었더니 이제는 너희 영혼의 목자와 감독 되신 이에게 돌아왔느니라.

5) 하나님의 사랑과 공의의 상관 관계

(1) 사랑은 죄에 대하여 끝없는 용서이고 공의는 죄에 대하여 절대 용서하지 않는 것이다.

(2) 하나님이 예수님을 세상에 보낸 것은 사랑이고 그 예수님을 십자가에 못박은 것은 공의이다. 그와 같이 사랑과 공의는 항상 공존한다.

3. 세 번째 문 - 하나님은 영원하시다.

1) 영원이라는 단어는 수많은 시간의 집합체가 아닌 시간 밖의 세계이다. (시102:27)
주는 한결같으시고 주의 연대는 무궁하리이다.

2) 하나님은 시간 개념이 아닌 처음과 마지막이다. (사 44:6)
이스라엘의 왕인 여호와, 이스라엘의 구원자인 만군의 여호와가 이같이 말하노라. 나는 처음이요, 나는 마지막이라 나 외에 다른 신이 없느니라.

3) 하나님이 처음이고 마지막이시니 그 안에 모든 것은 피조물이다. (시 50:10-12)
이는 삼림의 짐승들과 뭇 산의 가축이 다 내 것이며, 산의 모든 새들도 내가 아는 것이며, 들의 짐승도 내 것임이로다. 내가 가령 주려도 네게 이르지 아니할 것은 세계와 거기에 충만한 것이 내 것임이로다.

4) 인간이 영원한 하나님과 연합되면 영생이고 영원한 하나님과 분리되면 영생이 아니다. 이 분리를 죽음이라고 한다.

4. 네 번째 문 - 하나님은 전지전능하시다.

1) 모든 것을 아시는 전지하신 분

(1) 생각을 아신다. (대상 28:9)

내 아들 솔로몬아 너는 네 아버지의 하나님을 알고 온전한 마음과 기쁜 뜻으로 섬길지어다. 여호와께서는 모든 마음을 감찰하사 모든 의도를 아시나니 네가 만일 그를 찾으면 만날 것이요 만일 네가 그를 버리면 그가 너를 영원히 버리시리라.

(2) 하나님만이 인생을 아신다. (왕상 8:39절)

주는 계신 곳 하늘에서 들으시고 사하시며 각 사람의 마음을 아시오니 그들의 모든 행위대로 행하사 갚으시옵소서 주만 홀로 사람의 마음을 다 아심이니이다.

2) 불가능이 없는 전능하신 분 (욥 5:17절)

볼지어다 하나님께 징계 받는 자에게는 복이 있나니 그런즉 너는 전능자의 징계를 업신여기지 말지니라.

5. 다섯 번째 문 - 하나님은 무소부재하시다.

1) 어느 장소에나 계신다. (렘 23:24)

여호와의 말씀이니라 사람이 내게 보이지 아니하려고 누가 자신을 은밀한 곳에 숨길 수 있겠느냐 여호와가 말하노라 나는 천지에 충만하지 아니하냐.

2) 어느 시간에나 계신다.

(1) 과거와 현재와 미래에도 계시고 (시 139:1-3)

여호와여 주께서 나를 살펴 보셨으므로 나를 아시나이다. 주께서 내가 앉고 일어섬을 아시고 멀리서도 나의 생각을 밝히 아시오며, 나의 모든 길과 내가 눕는 것을 살펴 보셨으므로 나의 모든 행위를 익히 아시오니.

(2) 잠꼬대 하는 시간에도 계시고 (시 139:4)

여호와여 내 혀의 말을 알지 못하시는 것이 하나도 없으시니이다.

(3) 인간의 생각 속에도 계시고 (시 139:5-6)

주께서 나의 앞뒤를 둘러싸시고 내게 안수하셨나이다. 이 지식이 내게 너무 기이하니 높아서 내가 능히 미치지 못하나이다.

(4) 하나님을 피할 장소가 없다 (시 139:7-12)

내가 주의 영을 떠나 어디로 가며 주의 앞에서 어디로 피하리이까. 내가 하늘에 올라갈지라도 거기 계시며 스올에 내 자리를 펼지라도 거기 계시니이다. 내가 새벽 날개를 치며 바다 끝에 가서 거주할지라도 거기서도 주의 손이 나를 인도하시며, 주의 오른손이 나를 붙드시리이다. 내가 혹시 말하기를 흑암이 반드시 나를 덮고 나를 두른 빛은 밤이 되리라 할지라도 주에게서는 흑암이 숨기지 못하며, 밤이 낮과 같이 비추이나니 주에게는 흑암과 빛이 같음이니이다.

6. 여섯 번째 문 - 하나님은 불변하시다.

1) 영원토록 변하지 않으신다. (딤전 1:17)

영원하신 왕 곧 썩지 아니하고 보이지 아니하고 홀로 하나이신 하나님께 존귀와 영광이 영원무궁하도록 있을지어다. 아멘.

2) 영원토록 동일하신 분이다. (히 13:8)
예수 그리스도는 어제나 오늘이나 영원토록 동일하시니라.

3) 회전하는 그림자도 없으시다. (약 1:17)
온갖 좋은 은사와 온전한 선물이 다 위로부터 빛들의 아버지께로부터 내려오나니
그는 변함도 없으시고 회전하는 그림자도 없으시니라.

4) 하나님은 그 말씀을 반드시 실행하신다. (민 23:19)
하나님은 사람이 아니시니 거짓말을 하지 않으시고 인생이 아니시니 후회가 없으
시도다. 어찌 그 말씀하신 바를 행하지 않으시며 하신 말씀을 실행하지 않으시랴.

7. 일곱 번째 문 - 하나님은 거룩하시다.

1) 거룩이라는 말은 "구별되다" 라는 뜻으로 하나님은 거룩하시다. (레 11:44)
나는 여호와 너희의 하나님이라 내가 거룩하니 너희도 몸을 구별하여 거룩하게
하고 땅에 기는 길짐승으로 말미암아 스스로 더럽히지 말라.

   (1) 하나님이 거룩하신 분이므로 구원받은 신자들도 거룩해야 한다. (레 11:45)
    나는 너희의 하나님이 되려고 너희를 애굽 땅에서 인도하여 낸 여호와라. 내가
    거룩하니 너희도 거룩할지어다.

   (2) 신자는 옛 생활을 버리는 것이 거룩의 출발이다. (벧전 1:14-15)
    너희가 순종하는 자식처럼 전에 알지 못할 때에 따르던 너희 사욕을 본받지 말고
    오직 너희를 부르신 거룩한 이처럼 너희도 모든 행실에 거룩한 자가 되라.

(3) 하나님이 거룩하시니 하나님이 계신 곳도 거룩한 땅이다. (수 5:15)

여호와의 군대 대장이 여호수아에게 이르되 네 발에서 신을 벗으라 네가 선 곳은 거룩하니라 하니 여호수아가 그대로 행하니라.

① 좋은 주인 앞에 신을 신을 수 없다.

② 신발을 벗은 것은 자기 주장이 없다는 뜻이다.

③ 주인이신 하나님 앞에 신자는 신발이 없는 것이 거룩한 삶이다.

(4) 하나님은 거룩하시니 하나님께 드리는 모든 것은 거룩한 것이다. (출 13:2)

이스라엘 자손 중에서 사람이나 짐승을 막론하고 태에서 처음 난 모든 것은 다 거룩히 구별하여 내게 돌리라 이는 내 것이니라 하시니라.

(5) 하나님께 예배하는 성전은 거룩한 곳이다. (고전 3:17)

누구든지 하나님의 성전을 더럽히면 하나님이 그 사람을 멸하시리라 하나님의 성전은 거룩하니 너희도 그러하니라.

2) 이 세상에는 오직 하나님 한 분만이 거룩하시다. 그러므로 하나님 편에 있으면 거룩한 사람이고 거룩한 열매가 열리는 것이다.

8. 여덟 번째 문 - 하나님은 창조주이시다.

1) 하나님에 의하여 세상이 시작되었다. (창 1:1)

태초에 하나님이 천지를 창조하시니라.

2) 하나님은 창조주이시므로 그분만 스스로 계신 분 (출 3:14)

하나님이 모세에게 이르시되 나는 스스로 있는 자이니라. 또 이르시되 너는 이스라엘 자손에게 이같이 이르기를 스스로 있는 자가 나를 너희에게 보내셨다 하라.

(1) 스스로 계신 분이란 그분만이 존재의 근본이시다. (롬 11:36)

이는 만물이 주에게서 나오고 주로 말미암고 주에게로 돌아감이라 그에게 영광이 세세에 있을지어다 아멘

(2) 존재의 근본이란 모든 사상의 표준을 말한다. (사 55:8-9)

이는 내 생각이 너희의 생각과 다르며 내 길은 너희의 길과 다름이니라. 여호와의 말씀이니라. 이는 하늘이 땅보다 높음 같이 내 길은 너희의 길보다 높으며 내 생각은 너희의 생각보다 높음이니라.

3) 창조주라는 것은 피조물의 주인 됨을 말한다. (딤후 2:21)

그러므로 누구든지 이런 것에서 자기를 깨끗하게 하면 귀히 쓰는 그릇이 되어 거룩하고 주인의 쓰심에 합당하며 모든 선한 일에 준비함이 되리라.

4) 사람이 범죄하였다는 것은 하나님의 주인 됨의 상실을 말한다.

(1) 이스라엘의 범죄 (사 1:2-4)

하늘이여 들으라. 땅이여 귀를 기울이라. 여호와께서 말씀하시기를 내가 자식을 양육하였거늘 그들이 나를 거역하였도다. 소는 그 임자를 알고 나귀는 그 주인의 구유를 알건만은 이스라엘은 알지 못하고, 나의 백성은 깨닫지 못하는도다 하셨도다. 슬프다 범죄한 나라요 허물 진 백성이요, 행악의 종자요, 행위가 부패한 자식이로다. 그들이 여호와를 버리며 이스라엘의 거룩하신 이를 만홀히 여겨 멀리하고 물러갔도다.

(2) 성경이 증거하는 죄의 정의 (사 53:6)

우리는 다 양 같아서 그릇 행하여 각기 제 길로 갔거늘 여호와께서는 우리 모두의 죄악을 그에게 담당시키셨도다.

(3) 하나님이 주인이라는 신앙은 하나님에 대한 소유권 고백이다. (대상 29:11-12)

여호와여 위대하심과 권능과 영광과 승리와 위엄이 다 주께 속하였사오니 천지에 있는 것이 다 주의 것이로소이다. 여호와여 주권도 주께 속하였사오니 주는 높으사 만물의 머리이심이니이다. 부와 귀가 주께로 말미암고 또 주는 만물의 주재가 되사 손에 권세와 능력이 있사오니, 모든 사람을 크게 하심과 강하게 하심이 주의 손에 있나이다.

5) 하나님은 창조주 즉 주인 되시는 분 다시 말하면 통치자이다. 당신의 주인 당신을 통치하시는 분이 하나님이십니까?

1. 남녀간의 애정, 형제, 이웃, 친구 간에 사랑 등은 결국 이기심의 확대이거나 그 변형입니다.
   진정한 사랑은 어디에서 근거해야 한다고 생각합니까?

2. 하나님의 공의와 사람의 정의를 구별하여 설명하고 하나님의 사랑과 공의가 공존하고 있는 사건을
   들어 설명하시오.

3. 하나님의 영원에 동참하려면 어떻게 해야 하나요?

4. 사람의 능력으로 할 수 있는 일은 하나님이 하신다는 믿음이 있습니다. 그러나 사람에게 불가능한
   일이 찾아오면 하나님이 하신다는 믿음이 생기지 않습니다. 그렇다면 하나님의 무엇을 사람이
   인정하지 않는 경우가 됩니까?

5. 하나님은 어느 장소, 어느 시간에나 계신다는 믿음이 있습니까? 간증으로 대답해 보시오.

6. 하나님의 속성은 불변이십니다. 만약 이 속성이 없으시다면 받은 구원은 어떻게 될 것이며 수 만 가지 약속은 어떻게 될까요?

7. 하나님이 거룩하시면 우리도 거룩해야 합니다. 어떻게 하면 거룩한 삶을 사는 것일까요?

8. 하나님이 창조주시라면 만물은 무엇이 됩니까?

9. 사람은 습관적으로 하나님과 어떤 관계로 착각하며 살고 있을까요?

10. 하나님의 속성 중 제일 중요한 것이 무엇인지 아래 그림을 보고 말해보세요.

제2과 인간

제1과에서 하나님은 어떤 분인지를 배웠다.
그러면 이제 인간에 대하여 알아야 한다.
존 칼빈(John Calvin)은 말하기를
"With out knowledge of God, there is no knowledge of self.
With out knowledge of self, there is no knowledge of God"
하나님을 알지 못하면 자신에 대해서도 모르고,
자신을 알지 못하면 하나님에 대해서도 알 수 없다.

1. 제일 중요한 인식은 인간이란 하나님의 피조물이라는 사실이다.

1) 사람은 흙으로 지음 받았다. (사 64:8)
그러나 여호와여, 이제 주는 우리 아버지시니이다. 우리는 진흙이요, 주는 토기장이시니 우리는 다 주의 손으로 지으신 것이니이다.

2) 인간의 창조는 하나님의 걸작품이다. (시 139:13-15)
주께서 내 내장을 지으시며 나의 모태에서 나를 만드셨나이다. 내가 주께 감사하옴은 나를 지으심이 심히 기묘하심이라. 주께서 하시는 일이 기이함을 내 영혼이 잘 아나이다. 내가 은밀한 데서 지음을 받고 땅의 깊은 곳에서 기이하게 지음을 받은 때에 나의 형체가 주의 앞에 숨겨지지 못하였나이다.

3) 사람의 일생이 하나님의 각본 안에 있다. (시 139:16)
내 형질이 이루어지기 전에 주의 눈이 보셨으며, 나를 위하여 정한 날이 하루도 되기 전에 주의 책에 다 기록이 되었나이다.

2. 다음으로 중요한 것은 사람은 하나님의 형상을 따라 지음 받았다는 것이다. (창 1:26-28)

하나님이 이르시되 우리의 형상을 따라 우리의 모양대로 우리가 사람을 만들고 그들로 바다의 물고기와 하늘의 새와 가축과 온 땅과 땅에 기는 모든 것을 다스리게 하자 하시고, 하나님이 자기 형상 곧 하나님의 형상대로 사람을 창조하시되 남자와 여자를 창조하시고, 하나님이 그들에게 복을 주시며 하나님이 그들에게 이르시되 생육하고 번성하여 땅에 충만하라, 땅을 정복하라, 바다의 물고기와 하늘의 새와 땅에 움직이는 모든 생물을 다스리라 하시니라.

1) 하나님의 형상이란 하나님의 영을 말한다. 하나님은 영으로 존재하신다. (요 4:24)
하나님은 영이시니 예배하는 자가 영과 진리로 예배할지니라.

2) 사람 안에 하나님의 영이 있다는 것은 사람 안에 하나님 자신이 있다는 뜻이다.

(1) 사람은 하나님의 영이 있는 피조물이다. (창 2:7)
여호와 하나님이 땅의 흙으로 사람을 지으시고 생기를 그 코에 불어넣으시니 사람이 생령이 되니라.

(2) 세상을 만드신 하나님이 인간 안에 있다. (요1서 4:4)
자녀들아 너희는 하나님께 속하였고, 또 그들을 이기었나니 이는 너희 안에 계신 이가 세상에 있는 자보다 크심이라.

3) 그러므로 사람은 3중 구조의 창조이다. (살전 5:23)
평강의 하나님이 친히 너희를 온전히 거룩하게 하시고, 또 너희의 온 영과 혼과 몸이 우리 주 예수 그리스도께서 강림하실 때에 흠 없게 보전되기를 원하노라.

(1) 2분법은 영과 혼육으로 나눈다. 왜냐하면 사람 안에 있는 영은 피조물이 아니고 하나님 자신이기 때문이다.

(2) 3분법은 영과 혼과 육을 가리킨다.

4) 사람 안에 하나님이 계시니 인간의 가치는 하나님과 동등하다.

(1) 하나님과 동등하다는 것은 인간이 천하보다 귀하다는 것이다. (마 16:26)
사람이 만일 온 천하를 얻고도 제 목숨을 잃으면 무엇이 유익하리요, 사람이 무엇을 주고 제 목숨과 바꾸겠느냐.

(2) 인간이 천하보다 귀하니 천하는 사람의 목마름을 해결할 수 없다. 인류 역사에 가장 부귀영화를 많이 누렸던 사람이 솔로몬이다. 그는 부인만 1천명을 거느린 사람이다. 그의 고백은 다음과 같다.

① 모든 강물은 다 바다로 흐르되 바다를 채운 적이 없다. (전 1:7절)

② 그와 같이 세상의 모든 부귀영화가 내 가슴으로 흘러들어왔다.
그러나 내 자신을 채우지 못했다.

③ 헛되고 헛되며 헛되고 헛되니 모든 것이 헛되구나. 살아 생전에 모든 수고가 내 자신에게 아무것도 유익하지 못했다. (전 1:2-3절)

(3) 그러므로 인간은 천하로 만족 할 수 없고 하나님으로만 채워지는 존재이다. (시 23:1절)
여호와는 나의 목자시니 내게 부족함이 없으리로다.

3. 하나님이 사람 속에 자기 형상을 부으시는 목적이 있다.

1) 사람을 창조하신 하나님의 이유는 자신의 대리자(Representative)로 만든 것이다.

(1) 사람은 하나님의 위임자요.

(2) 그러므로 자연 만물의 관리자요 인간 사회의 경영인이다.

2) 하나님의 대리자이므로 하나님과의 관계(Relationship)가 중요하다.

(1) 하나님과 생명적 연합 관계이다. (요 15:5)
　　나는 포도나무요 너희는 가지라 그가 내 안에, 내가 그 안에 거하면 사람이 열
　　매를 많이 맺나니 나를 떠나서는 너희가 아무 것도 할 수 없음이라.
　　① 예수님은 포도나무
　　② 사람은 포도나무의 가지

(2) 생명적 연합 관계이므로 단절은 곧 죽음을 말한다.

3) 하나님과 관계성 때문에 오는 책임성(Responsibility)이 있다.

(1) 자신의 생명에 대한 책임

(2) 이웃에 대한 책임

(3) 자연에 대한 책임

4. 그러므로 인간을 영적 존재라고 한다. (롬 8:5-9)

　육신을 따르는 자는 육신의 일을, 영을 따르는 자는 영의 일을 생각하나니, 육신의 생각은 사망이요, 영의 생각은 생명과 평안이니라. 육신의 생각은 하나님과 원수가 되나니 이는 하나님의 법에 굴복하지 아니할 뿐 아니라 할 수도 없음이라. 육신에 있는 자들은 하나님을 기쁘시게 할 수 없느니라. 만일 너희 속에 하나님의 영이 거하시면 너희가 육신에 있지 아니하고 영에 있나니 누구든지 그리스도의 영이 없으면 그리스도의 사람이 아니라.

　1) 하나님이 없는 사람을 육신이라고 하며 육신은 하나님과 원수가 된다.

　2) 하나님이 있는 사람을 영의 사람이라고 하고 영의 사람을 그리스도인라고 한다.

　　(1) 육신의 사람과 영의 사람은 빛과 어두움이 공존할 수 없듯이 연합될 수 없다.

　　(2) 연합이 가능하다면 영을 가장한 육신일 뿐이다.
　　　① 불신자와 신자의 사상 연합은 가능하지 않고
　　　② 타종교와 기독교의 연합도 불가능하다.

1. 하나님과 인간의 관계에서 제일 중요한 인식은 무엇입니까?

___

2. 다른 피조물과 인간 창조의 다른 점은 무엇입니까?

___

3. 3분법이란 무엇입니까?

___

4. 인간의 가치를 다른 피조물과 비교하여 설명하시오.

___

5. 하나님의 인간 창조 목적이 무엇입니까?

___

6. 하나님과 생명적 연합 관계란 무슨 뜻입니까?

___

7. 인간의 책임성에 대하여 3가지만 기록하시오.

___

8. 인간을 영적 존재라고 합니다. 무슨 뜻일까요?

___

9. 창조의 원리대로 하면 당신의 삶의 태도는 어떠해야 하는지요?

___

10. 당신이 알고 있는 선악과에 대하여 설명하시오.

___

제 3과 하나님과 인간의 관계

1. 하나님께서 인간을 만드신 목적은 자신의 대리자로 만드신 것이다. (창 1:26)

하나님이 이르시되 우리의 형상을 따라 우리의 모양대로 우리가 사람을 만들고 그들로
바다의 물고기와 하늘의 새와 가축과 온 땅과 땅에 기는 모든 것을 다스리게 하자 하시고

　　1) 하나님이 세상을 만드셨다.

　　2) 인간은 하나님의 대리자이므로 하나님이 만든 세상을 인간이 다스린다.

2. 하나님의 대리자이므로 하나님과 동일하게 세상을 다스리나 하나님은 아니다.

　　1) 하나님이 아니라는 고백으로 한 가지 할 수 없는 것이 있어야 한다. 그것이 선악과이
　　　 다. (창 2:8~9절)
　　　 여호와 하나님이 동방의 에덴에 동산을 창설하시고 그 지으신 사람을 거기 두시니
　　　 라. 여호와 하나님이 그 땅에서 보기에 아름답고 먹기에 좋은 나무가 나게 하시니
　　　 동산 가운데에는 생명 나무와 선악을 알게 하는 나무도 있더라.

　　2) 선악과는 하나님과 인간의 관계를 설정하는 기준이었다.

　　　(1) 하나님은 창조주이시므로 이 세상 모든 것을 자기 마음대로 사용할 수 있다.

　　　(2) 인간은 하나님의 대리자이기 때문에 하나님처럼 이 세상 모든 것을 사용할 수 있다.

　　　(3) 그러나 인간은 하나님이 아니다. 그 고백으로 한 가지 할 수 없는 것이 있어야 한다.
　　　　 그것이 선악과였다.

3) 그러므로 선악과는 절대로 범해서는 안된다. (창 2:17절)

선악을 알게 하는 나무의 열매는 먹지 말라 네가 먹는 날에는 반드시 죽으리라 하시니라.

(1) 소작인이 소작료를 내는 것은 그 소작료가 누가 주인인가를 결정하기 때문이다. 그러므로 소작인은 소작료를 내므로 주인이 아니라는 고백과 함께 그 땅을 주인처럼 경작할 수 있다.

(2) 그와 같이 인간은 선악과를 범하지 않으므로 하나님이 아니라는 고백과 함께 하나님처럼 살 수 있다.

4) 그러나 인간은 그 선악과를 지키지 못했다. (창3:1~6절)

그런데 뱀은 여호와 하나님이 지으신 들짐승 중에 가장 간교하니라. 뱀이 여자에게 물어 이르되 하나님이 참으로 너희에게 동산 모든 나무의 열매를 먹지 말라 하시더냐, 여자가 뱀에게 말하되 동산 나무의 열매를 우리가 먹을 수 있으나 동산 중앙에 있는 나무의 열매는 하나님의 말씀에 너희는 먹지도 말고 만지지도 말라. 너희가 죽을까 하노라 하셨느니라. 뱀이 여자에게 이르되 너희가 결코 죽지 아니하리라. 너희가 그것을 먹는 날에는 너희 눈이 밝아져 하나님과 같이 되어 선악을 알 줄 하나님이 아심이니라. 여자가 그 나무를 본즉 먹음직도 하고 보암직도 하고 지혜롭게 할 만큼 탐스럽기도 한 나무인지라, 여자가 그 열매를 따먹고 자기와 함께 있는 남편에게도 주매 그도 먹은지라.

(1) 선악과를 먹게 된 동기는 하나님이 되려는 것이다.

(2) 하나님이 되려는 인간을 하나님은 버릴 수밖에 없으셨다.

① 영원하신 하나님과의 단절 그것은 죽음이다.
② 그래서 하나님은 선악과를 먹으면 반드시 죽는다고 하셨다.

5) 선악과를 먹지 못하도록 하나님께서는 왜 막지 않으셨는가?

(1) 사람은 인격적인 존재이다. (마 5:28)

> 나는 너희에게 이르노니 음욕을 품고 여자를 보는 자마다 마음에 이미 간음하였느니라.

(2) 하나님과 인간의 관계도 인격적인 관계이다.

> 선악과를 먹으러 갔는데 천군천사가 지키므로 먹을 수 없었다면 이미 먹은 것이다.

3. 선악과를 먹기 이전과 선악과를 먹은 이후의 인간의 변화

1) 이전 - 아담과 하와가 벗고 살았으나 벗은 것을 몰랐다. (창 3:7절)
이에 그들의 눈이 밝아져 자기들이 벗은 줄을 알고 무화과나무 잎을 엮어 치마로 삼았더라.

(1) 아담과 하와는 하나님의 대리자로서 세상을 다스리는 최고의 지혜자이다.

(2) 그와 같이 지혜로운 자가 자신이 벗은 것을 몰랐다는 것은 하나님께서 "벗었다" 라고 결정하신 적이 없기 때문이다.

(3) 철저하게 하나님이 결정권자이며 하나님이 주인된 삶이었다.

2) 이후 - 자기들이 벗은 것을 알았다. (창 3:7-11)
이에 그들의 눈이 밝아져 자기들이 벗은 줄을 알고 무화과나무 잎을 엮어 치마로 삼았더라. 그들이 그 날 바람이 불 때 동산에 거니시는 여호와 하나님의 소리를 듣고 아담과 그의 아내가 여호와 하나님의 낯을 피하여 동산 나무 사이에 숨은지라. 여호와 하나님이 아담을 부르시며 그에게 이르시되 네가 어디 있느냐 이르되, 내가 동산에서 하나님의 소리를 듣고 내가 벗었으므로 두려워하여 숨었나이다. 이르시되 누가 너의 벗었음을 네게 알렸느냐 내가 네게 먹지 말라 명한 그 나무 열매를 네가 먹었느냐.

(1) 선악과 이전은 벌거벗었으나 벗을 줄 몰랐다. 왜냐하면 벗었다는 결정은 하나님이 하셔야 하기 때문이다.

(2) 선악과 이후는 벌거벗은 것을 스스로 알았다. 자기 스스로가 결정권자가 된 것이다.
  ① 선악과 이전은 죄가 들어오기 전으로서 하나님이 결정권자이셨다.
  ② 선악과 이후는 죄가 들어온 후이며 인간 스스로가 결정권자가 되었다.
  ③ 그러므로 선악과 사건은 불순종의 문제가 아니라 결정권자가 바뀌는 엄청난 결과를 가져왔다.

4. 선악과 범한 이후 (범죄 한 인간)

1) 하나님과 단절된 관계이다. (롬 1:28)
또한 그들이 마음에 하나님 두기를 싫어하매 하나님께서 그들을 그 상실한 마음대로 내버려 두사 합당하지 못한 일을 하게 하셨으니.

2) 단절된 관계에서 오는 결과 (롬 1:29-32)
곧 모든 불의, 추악, 탐욕, 악의가 가득한 자요. 시기, 살인, 분쟁, 사기, 악독이 가득한 자요. 수군수군하는 자요. 비방하는 자요. 하나님께서 미워하시는 자요. 능욕하는 자요. 교만한 자요. 자랑하는 자요. 악을 도모하는 자요. 부모를 거역하는 자요 우매한 자요. 배약하는 자요. 무정한 자요. 무자비한 자라 그들이 이같은 일을 행하는 자는 사형에 해당한다고 하나님께서 정하심을 알고도 자기들만 행할 뿐 아니라 또한 그런 일을 행하는 자들을 옳다 하느니라.

3) 모든 인류는 죄인이다. (롬 3:23)
모든 사람이 죄를 범하였으매 하나님의 영광에 이르지 못하더니.

4) 죄의 값은 죽음이다. (롬 6:23)
죄의 삯은 사망이요, 하나님의 은사는 그리스도 예수 우리 주 안에 있는 영생이니라.

5) 선악과 이전은 연합의 관계이지만 이후는 분리 관계가 되었다.

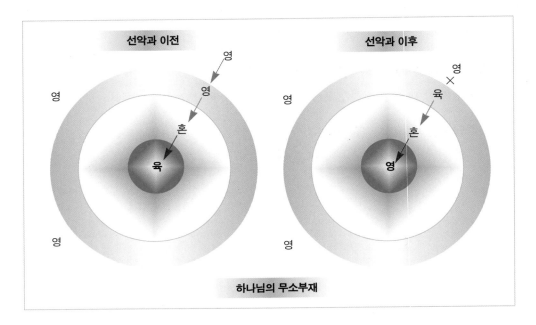

(1) 하나님은 영으로써 무소부재하시다.

(2) 무소부재한 하나님의 영과 사람 안에 영은 서로 본질이 같다.]

(3) 선악과 이전(왼쪽 그림)

　① 하나님의 영이 사람의 영을 다스리고

　② 사람 안의 영은 혼을 다스리고

　③ 사람 안의 혼은 육을 다스린다.

(4) 선악과 이후(오른쪽 그림)

　① 하나님의 영은 사람의 육과 만날 수가 없다.

　② 하나님과 사람은 서로 단절되어 있다.

1. 인간 안에 하나님의 무엇이 있습니까?

_____

2. 하나님은 인간에게 어떤 권리를 주셨습니까?

_____

3. 선악과를 먹지 말라고 하신 하나님의 의도는 무엇입니까?

_____

4. 선악과의 역할이 무엇입니까?

_____

5. 인간과 하나님과는 인격관계라는 뜻을 설명하시오.

_____

6. 선악과를 범하기 전에는 벌거벗었으나 벗은 것을 몰랐다는 것에 대하여 설명하시오.

_____

7. 선악과를 범한 후에는 스스로 벗은 것을 알고 부끄러워 무엇으로 옷을 지어 입었나요?

_____

8. 하나님 앞에 옷을 벗는 것과 입는 것의 차이를 설명하시오

_____

9. 죄와 죄의 열매에 대해 설명하시오.

_____

10. 죄의 값은 무엇입니까?

_____

제 4 과 사단의 정체

1. 사단은 본래 천사였으나 하나님이 되려고 시도하다가 버림 받게 되었다.

1) 하나님과 비교하려고 했다. (사 14:12-14)

너 아침의 아들 계명성이여 어찌 그리 하늘에서 떨어졌으며, 너 열국을 엎은 자여 어찌 그리 땅에 찍혔는고. 네가 네 마음에 이르기를 내가 하늘에 올라 하나님의 뭇 별 위에 내 자리를 높이리라. 내가 북극 집회의 산 위에 앉으리라. 가장 높은 구름에 올라가 지극히 높은 이와 같아지리라 하는도다.

(1) 가장 높은 구름은 천국의 하나님 보좌를 가리킨다.

(2) 지극히 높은 자와 비기려는 것은 하나님이 되려는 시도였다.

2) 하나님과 동일해지려는 불의가 드러나 하나님으로부터 버림 받게 되었다. (겔 28:13-16)

네가 옛적에 하나님의 동산 에덴에 있어서 각종 보석 곧 홍보석과 황보석과 금강 석과 황옥과 홍마노와 창옥과 청보석과 남보석과 홍옥과 황금으로 단장하였음이 여, 네가 지음을 받던 날에 너를 위하여 소고와 비파가 준비되었도다. 너는 기름 부음을 받고 지키는 그룹임이여, 내가 너를 세우매 네가 하나님의 성산에 있어서 불타는 돌들 사이에 왕래하였도다. 네가 지음을 받던 날로부터 네 모든 길에 완전하더니 마침내 네게서 불의가 드러났도다. 네 무역이 많으므로 네 가운데에 강포가 가득하여 네가 범죄하였도다. 너 지키는 그룹아 그러므로 내가 너를 더럽게 여겨 하나님의 산에서 쫓아냈고 불타는 돌들 사이에서 멸하였도다.

(1) 천사장 루시퍼를 보석 10개로 비유한 것은 최상급 창조를 말한다.

(2) 천사장 루시퍼는 천사 1/3을 거느리고 음악으로 하나님께 영광을 돌렸다.

(3) 천사장 루시퍼는 자신에게 속한 천사 1/3을 거느리고 하나님이 되려는 반란을 일으켰다.

(4) 그러므로 하나님에게 쫓겨나 사단이 되고 그 추종천사들은 마귀 또는 귀신이 되었다.

2. 하나님 면전에서 하나님 되려 했던 타락한 천사장 루시퍼(사단)는 지상으로 쫓겨난 후 여전히 하나님 되려고 시도했다. 그래서 사단을 속이는 자라고 한다. (요 8:44)

너희는 너희 아비 마귀에게서 났으니 너희 아비의 욕심대로 너희도 행하고자 하느니라. 그는 처음부터 살인한 자요. 진리가 그 속에 없으므로 진리에 서지 못하고 거짓을 말할 때마다 제 것으로 말하나니, 이는 그가 거짓말쟁이요 거짓의 아비가 되었음이라.

1) 인간은 하나님의 대리자이니 하나님 노릇하려는 사단에게 장애물이 되었다.

2) 사단은 인간과 하나님의 관계를 끊으면 자신이 세상을 지배할 수 있다고 생각했다.

3) 자신이 쫓겨난 것처럼 인간도 하나님으로부터 버림받도록 유혹했다.
그것이 선악과를 범하도록 유혹한 사건이다.

3. 선악과를 먹게 한 사단의 유혹 7단계

첫째, 뱀의 몸을 빌리는 단계 (창 3:1)
그런데 뱀은 여호와 하나님이 지으신 들짐승 중에 가장 간교하니라. 뱀이 여자에게 물어 이르되, 하나님이 참으로 너희에게 동산 모든 나무의 열매를 먹지 말라 하시더냐.

1) 하와와 대화하기 위해 뱀의 몸을 빌린다.

2) 지금은 누군가 다른 사람의 몸을 빌려 자신의 일을 진행한다.

둘째, 사색하는 단계 (창 3:1)

그런데 뱀은 여호와 하나님이 지으신 들짐승 중에 가장 간교하니라. 뱀이 여자에게 물어 이르되 하나님이 참으로 너희에게 동산 모든 나무의 열매를 먹지 말라 하시더냐.

1) 하나님의 말씀이 사람에게 임할 때 그 사람의 생각으로 바뀔 수 있다.

2) 사람 안에 말씀이 그냥 말씀으로 계셔야 한다.

셋째, 부정적인 마음을 심은 단계 (창 3:1)

그런데 뱀은 여호와 하나님이 지으신 들짐승 중에 가장 간교하니라. 뱀이 여자에게 물어 이르되 하나님이 참으로 너희에게 동산 모든 나무의 열매를 먹지 말라 하시더냐.

1) 부정적인 생각이 들면 한 가지 하지 말라는 것이 모든 것을 하지 말라는 것처럼 착각하게 된다.

2) 부정적인 마음은 사단이 주는 마음이다.

넷째, 중간 단계 (창 3:2-3)

여자가 뱀에게 말하되 동산 나무의 열매를 우리가 먹을 수 있으나, 동산 중앙에 있는 나무의 열매는 하나님의 말씀에 너희는 먹지도 말고 만지지도 말라. 너희가 죽을까 하노라 하셨느니라.

1) 사단은 말씀을 정확하게 모르고 있는 하와를 찾아간다. (창2:17절과 3:3절 비교)

(1) 창 2:17절 말씀은 다음과 같다.

선악을 알게 하는 나무의 열매는 먹지 말라 네가 먹는 날에는 반드시 죽으리라
하시니라.

① 이 말씀은 하와가 만들어지기 전 아담에게 하신 말씀이다.

② 그러므로 하와는 창2:17절 말씀을 아담에게 들었다.

(2) 창 3:3절은 하와의 대답으로

동산 중앙에 있는 나무의 열매는 하나님의 말씀에 너희는 먹지도 말고 만지지
도 말라 너희가 죽을까 하노라 하셨느니라.

① 하와에게는 창 2:17절이 3:3절로 변절되었다.

② 아담이 잘못 전달했는지 하와가 아담의 말을 잘못 알아들었는지 그것은
알 수 없으나 문제는 하와가 하나님 말씀을 가감 변절했다는 것이다.

2) 예수님은 사단의 시험을 말씀으로 물리치셨다.

(1) 의식주 문제 (마 4:1-4)

그 때에 예수께서 성령에게 이끌리어 마귀에게 시험을 받으러 광야로 가사 사
십 일을 밤낮으로 금식하신 후에 주리신지라. 시험하는 자가 예수께 나아와서
이르되, 네가 만일 하나님의 아들이어든 명하여 이 돌들로 떡덩이가 되게 하라.
예수께서 대답하여 이르시되 기록되었으되 사람이 떡으로만 살 것이 아니요,
하나님의 입으로부터 나오는 모든 말씀으로 살 것이라 하였느니라 하시니.

(2) 명예 문제 (마 4:5-7)

　　이에 마귀가 예수를 거룩한 성으로 데려다가 성전 꼭대기에 세우고 이르되 네가 만일 하나님의 아들이어든 뛰어내리라. 기록되었으되 그가 너를 위하여 그의 사자들을 명하시리니 그들이 손으로 너를 받들어 발이 돌에 부딪치지 않게 하리로다 하였느니라. 예수께서 이르시되 또 기록되었으되 주 너의 하나님을 시험하지 말라 하였느니라 하시니.

(3) 권세 문제 (마 4:8-10)

　　마귀가 또 그를 데리고 지극히 높은 산으로 가서 천하 만국과 그 영광을 보여 이르되, 만일 내게 엎드려 경배하면 이 모든 것을 네게 주리라. 이에 예수께서 말씀하시되 사탄아 물러가라 기록되었으되 주 너의 하나님께 경배하고 다만 그를 섬기라 하였느니라.

3) 하와는 자신을 유혹하는 사단을 말씀이 정확하지 않은 지식으로 인하여 예수님처럼 물리칠 수가 없었다.

다섯째, 이익을 주는 단계 (창 3:4-5)

　　뱀이 여자에게 이르되 너희가 결코 죽지 아니하리라. 너희가 그것을 먹는 날에는 너희 눈이 밝아져 하나님과 같이 되어 선악을 알 줄 하나님이 아심이니라.

1) 결코 죽지 않는다 라며 말씀과 정반대로 말했다. 그렇게 말해도 받아들일 만큼의 단계 즉 중간 단계라는 것은 사단은 알기 때문이다.

2) 하나님이 된다는 엄청난 이익을 제공했다.

여섯째, 합리화 단계 (창 3:6)

　　여자가 그 나무를 본즉 먹음직도 하고 보암직도 하고 지혜롭게 할 만큼 탐스럽기

도 한 나무인지라 여자가 그 열매를 따먹고 자기와 함께 있는 남편에게도 주매 그
도 먹은지라.

1) 먹으면 정녕 죽는다면 먹음직하고 보암직하며 지혜롭게 할 만큼 탐스러울 수가 없다.

2) 먹어야 하는 당위성을 찾기 위해 양심을 달래는 합리화가 이루어졌다.

일곱째, 동료를 구하는 단계 (창 3:6-7)

여자가 그 나무를 본즉 먹음직도 하고 보암직도 하고 지혜롭게 할 만큼 탐스럽기도
한 나무인지라. 여자가 그 열매를 따먹고 자기와 함께 있는 남편에게도 주매 그도
먹은지라. 이에 그들의 눈이 밝아져 자기들이 벗은 줄을 알고 무화과나무 잎을 엮
어 치마로 삼았더라.

1) 모든 범죄는 혼자 이루어지지 않는다.

2) 그러므로 사람을 판단하려면 그 주위를 살피면 된다.

4. 천사장이 하나님 되려다 천상에서 쫓겨나 사단이 되었고 에덴에서 인간이 하나님이 되려다 쫓겨나 죄인이 되었다.

1) 하나님과 인간은 분리(단절)의 관계가 되었다.

2) 이 관계를 죄인된 인간이라고 한다.

3) 이것은 사단의 계략이었다.

제4과 종합테스트

1. 천사였으나 사단이 된 이유를 설명하시오.

2. 사단을 거짓의 아비라고 부르는 이유는 무엇입니까?

3. 사단은 인간이 하나님으로부터 버림 받도록 하기 위해 무슨 술책을 썼나요?

4. 사단은 누구의 몸을 빌려서 하와를 유혹했나요?

5. 사단의 전략 2단계가 무엇입니까?

6. 사단의 전략 3단계는 부정적인 마음을 갖게 하는 것입니다. 4단계는 무엇입니까?

7. 사단의 전략 5단계는 무엇입니까?

8. 사단의 6단계는 합리화합니다. 당신의 경우를 들어 설명하시오.

9. 하와는 남편과 함께 선악과를 먹었습니다. 이것은 제7단계로서 어떤 심리일까요?

10. 사단은 선악과 전략으로 지금도 성도를 공략해오고 있습니다. 당신은 몇 단계의 시험이 가장 많습니까?

제5과 죄인된 인간의 특성

1. 자신에게 주인이 되다. (창 3:7)

그들의 눈이 밝아져 자기들이 벗은 줄을 알고……

1) 자기 인생의 결정권이 자신으로 넘어왔다.

2) 지구는 인구 만큼의 주인들이 산다.

2. 위장술을 쓰기 시작했다. (창 3:7)

…… 무화과나무 잎을 엮어 치마로 삼았더라.

1) 옷의 발달은 성형 수술-성전환 수술-복제 인간 등으로 인간 정체성의 상실을 가져왔다.

2) 그와 같이 인간은 하나님이 만드신 본질로부터 변질되어 갔다.

3. 하나님과 단절이 되다. (창 3:8-11)

그들이 그 날 바람이 불 때 동산에 거니시는 여호와 하나님의 소리를 듣고 아담과 그의 아내가 여호와 하나님의 낯을 피하여 동산 나무 사이에 숨은지라. 여호와 하나님이 아담을 부르시며 그에게 이르시되 네가 어디 있느냐. 이르되 내가 동산에서 하나님의 소리를 듣고 내가 벗었으므로 두려워하여 숨었나이다. 이르시되 누가 너의 벗었음을 네게 알렸느냐, 내가 네게 먹지 말라 명한 그 나무 열매를 네가 먹었느냐.

1) 아담 - 내가 벗었으므로 두려워하여 숨었나이다.

2) 하나님 - 누가 너의 벗었음을 네게 고하였느냐

(1) 하나님의 말씀입니다
① 나는 그렇게 결정한 적이 없다.
② 스스로 결정권자가 된 것을 보니 내가 먹지 말라 한 그 실과를 먹었구나.
③ 너는 이제 나(하나님)와 상관 없는 피조물이 되었다.

(2) 그러므로 하나님과 단절의 관계가 되었다.

3) 선악과 이전과 이후

이 전	선악과	이 후
벌거벗었으나 벗은 줄 몰랐다. 하나님이 주인 하나님과 연합의 관계		벌거벗은 것을 스스로 알다. 자신이 주인 하나님과 단절의 관계

4. 하나님과 단절 이후의 인간 (죄가 들어온 인간)

1) 계속해서 변명한다. (창 3:12-13)

아담이 이르되 하나님이 주셔서 나와 함께 있게 하신 여자 그가 그 나무 열매를 내게 주므로 내가 먹었나이다. 여호와 하나님이 여자에게 이르시되, 네가 어찌 하여 이렇게 하였느냐, 여자가 이르되 뱀이 나를 꾀므로 내가 먹었나이다.

(1) 아담의 변명 - 하나님과 여자에게로 책임을 돌린다.
(2) 하와의 변명 - 하나님이 창조한 뱀이 나를 유혹했을 뿐이다.(뱀에게 책임을 전가한다)

2) 사단은 상징은 뱀이다. (창 3:14)

여호와 하나님이 뱀에게 이르시되, 네가 이렇게 하였으니, 네가 모든 가축과 들의 모든 짐승보다 더욱 저주를 받아 배로 다니고 살아 있는 동안 흙을 먹을지니라.

(1) 뱀은 배로 다닌다.
(2) 배로 다닌다는 것은 끝없는 이기심을 말한다.
(3) 뱀이 먹는 흙은 사단의 양식이다.
　① 흙은 하나님 반대쪽의 세상이다.
　② 흙은 하나님 반대쪽의 내 자신이다.

(4) 사단(마귀)은 자기 양식을 찾아 헤맨다. (벧전 5:8)
　근신하라 깨어라 너희 대적 마귀가 우는 사자 같이 두루 다니며 삼킬 자를 찾나니.

　① 사단을 이기려면 사단의 양식인 내 안의 흙을 제거하면 된다.
　② 그러므로 바울은 "나는 날마다 죽는다."고 했다.
　③ 자기 십자가를 통해 내 안에 흙을 헐어내야 한다.

3) 사단은 예수님과 원수가 되었다. (창 3:15)

내가 너로 여자와 원수가 되게 하고, 네 후손도 여자의 후손과 원수가 되게 하리니. 여자의 후손은 네 머리를 상하게 할 것이요. 너는 그의 발꿈치를 상하게 할 것이니라 하시고.

(1) 사단은 주님을 십자가에 매달아 일시적으로 승리할 것이다.

(2) 주님은 부활을 통하여 사단으로부터 영원히 승리할 것이다.

4) 여자는 잉태의 고통과 남편을 사모하게 된다. (창 3:16)

또 여자에게 이르시되 내가 네게 임신하는 고통을 크게 더하리니. 네가 수고하고 자식을 낳을 것이며, 너는 남편을 원하고 남편은 너를 다스릴 것이니라 하시고.

(1) 목숨을 걸고 낳았으니 목숨을 걸고 키운다.

(2) 가정의 질서는 남편으로부터 시작된다.

5) 남자는 종신토록 수고하며 살아야 한다. (창 3:17)

아담에게 이르시되 네가 네 아내의 말을 듣고 내가 네게 먹지 말라 한 나무의 열매를 먹었은 즉, 땅은 너로 말미암아 저주를 받고 너는 네 평생에 수고하여야 그 소산을 먹으리라.

(1) 남자는 땀을 흘리고 수고하므로 가정을 지킨다.

(2) 수고 없는 남편은 절대로 가정을 지키지 않는다.

5. 죄의 정의

1) 첫째, 하나님과의 관계에서 찾는다.

(1) 하나님과의 단절관계 (롬 1:28)
또한 그들이 마음에 하나님 두기를 싫어하매 하나님께서 그들을 그 상실한 마음대로 내버려 두사 합당하지 못한 일을 하게 하셨으니.

(2) 하나님의 영광에 이르지 못함 (롬 3:23)
모든 사람이 죄를 범하였으매 하나님의 영광에 이르지 못하더니.

(3) 하나님의 기준에 합당하지 못함 (요일 1:10)
만일 우리가 범죄하지 아니하였다 하면 하나님을 거짓말하는 이로 만드는 것이니, 또한 그의 말씀이 우리 속에 있지 아니하니라.

(4) 진노의 자녀 (엡 2:3)
전에는 우리도 다 그 가운데서 우리 육체의 욕심을 따라 지내며, 육체와 마음의 원하는 것을 하여 다른 이들과 같이 본질상 진노의 자녀이었더니.

(5) 우상숭배 (롬 1:21-23)
하나님을 알되 하나님을 영화롭게도 아니하며 감사하지도 아니하고 오히려 그 생각이 허망하여지며 미련한 마음이 어두워졌나니, 스스로 지혜 있다 하나 어리석게 되어 썩어지지 아니하는 하나님의 영광을 썩어질 사람과 새와 짐승과 기어다니는 동물 모양의 우상으로 바꾸었느니라.

(6) 영원한 형벌 (히 9:27)
한번 죽는 것은 사람에게 정해진 것이요, 그 후에는 심판이 있으리니.

(7) 생명책에 이름이 기록되지 못한다. (계 20:11-15)

또 내가 크고 흰 보좌와 그 위에 앉으신 이를 보니 땅과 하늘이 그 앞에서 피하여 간 데 없더라. 또 내가 보니 죽은 자들이 큰 자나 작은 자나 그 보좌 앞에 서 있는데 책들이 펴 있고 또 다른 책이 펴졌으니 곧 생명책이라. 죽은 자들이 자기 행위를 따라 책들에 기록된 대로 심판을 받으니, 바다가 그 가운데에서 죽은 자들을 내주고 또 사망과 음부도 그 가운데에서 죽은 자들을 내주매 각 사람이 자기의 행위대로 심판을 받고 사망과 음부도 불못에 던져지니, 이것은 둘째 사망 곧 불못이라. 누구든지 생명책에 기록되지 못한 자는 불못에 던져지더라.

(8) 하나님과 상관없는 길로 간다. (사 53:6)

우리는 다 양 같아서 그릇 행하여 각기 제 길로 갔거늘 여호와께서는 우리 모두의 죄악을 그에게 담당시키셨도다.

2) 둘째, 자기 자신과의 관계에서 찾는다.

(1) 마음에 품은 죄 (창 6:5-6)

여호와께서 사람의 죄악이 세상에 가득함과 그의 마음으로 생각하는 모든 계획이 항상 악할 뿐임을 보시고 땅 위에 사람 지으셨음을 한탄하사 마음에 근심하시고.

(2) 사망이 지배 (롬 5:12)

그러므로 한 사람으로 말미암아 죄가 세상에 들어오고 죄로 말미암아 사망이 들어왔나니, 이와 같이 모든 사람이 죄를 지었으므로 사망이 모든 사람에게 이르렀느니라.

(3) 양심의 기준에 합당하지 못함 (요일 1:8)

만일 우리가 죄가 없다고 말하면 스스로 속이고, 또 진리가 우리 속에 있지 아니할 것이요..

(4) 위선 된 자신의 모습 (렘 17:9-10)

만물보다 거짓되고 심히 부패한 것은 마음이라 누가 능히 이를 알리요마는 나 여호와는 심장을 살피며 폐부를 시험하고 각각 그의 행위와 그의 행실대로 보응하나니.

3) 셋째, 자신과 타인과의 관계에서 찾는다.

(1) 행위의 죄 (롬 1:29-31)

곧 모든 불의, 추악, 탐욕, 악의가 가득한 자요, 시기, 살인, 분쟁, 사기, 악독이 가득한 자요, 수군수군하는 자요, 비방하는 자요, 하나님께서 미워하시는 자요, 능욕하는 자요, 교만한 자요, 자랑하는 자요, 악을 도모하는 자요, 부모를 거역하는 자요, 우매한 자요 배약하는 자요, 무정한 자요, 무자비한 자라.

① 위에서 언급한 죄의 목록은 죄의 대표적 기록이다.

② 그 외에도 수많은 죄들이 행위로 표현되었다.

(2) 하나님으로부터 공급이 끊어지므로 다른 사람으로부터 공급을 받아야 한다. 그 공급을 생존 경쟁이라고 한다.

(3) 생존 경쟁은 마음의 죄를 행위의 죄로 바꾸는 원인 제공이 된다.

1. 자신의 몸이 벗은 줄을 알았다는 것은 무엇을 의미합니까?

2. 옷의 역사를 위장술 발달로 보는 영적 시각에 대해 설명하시오.

3. 선하게 살아도 인간은 죄인이라는 뜻이 무엇입니까?

4. 선악과 범한 사실을 아담은 어떻게 변명하나요?

5. 선악과 범한 사실을 하와는 어떻게 변명하나요?

6. 선악과 범한 이후의 인간은 누구의 지배 아래 있게 되었나요?

7. 사단의 양식이 흙이라는 점에 대해 설명하시오.

8. 영적 전쟁의 승리 비결을 설명하시오.

9. 여자에게 잉태의 고통을 주시고 남자에게 수고의 고통을 주신 하나님의 이유를 설명하시오.

10. 죄의 정의를 3가지 관계성으로 설명하시오.

제**6**과 하나님과의 회복

1. 하나님은 사랑이시다.

1) 기독교가 사랑의 종교가 아니라 하나님이 사랑이시다. (요1서 4:16)

하나님이 우리를 사랑하시는 사랑을 우리가 알고 믿었노니, 하나님은 사랑이시라. 사랑 안에 거하는 자는 하나님 안에 거하고 하나님도 그의 안에 거하시느니라.

2) 사랑이신 하나님은 독생자 아들 예수님을 세상에 보내셨다. (요 3:16)

하나님이 세상을 이처럼 사랑하사 독생자를 주셨으니 이는 그를 믿는 자마다 멸망하지 않고 영생을 얻게 하려 하심이라.

3) 예수그리스도는 어린양으로 오셨다. (요 1:29절)

이튿날 요한이 예수께서 자기에게 나아오심을 보고 이르되, 보라 세상 죄를 지고 가는 하나님의 어린 양이로다.

(1) 어떤 사람이 한 마리 양을 가지고 성전으로 들어온다.

(2) 그 양을 번제단 위에 누이고 양의 머리에 안수하여 자신의 죄를 넘긴다.

(3) 자신의 죄를 넘겨 받은 양은 곧 그 사람이다.

(4) 이제 양(나)을 죽이므로 죄의 삯인 사망이라는 의식을 행한다.

(5) 그때 희생된 어린양이 예수그리스도시다.

4) 동정녀에게서 출생하셨다. (눅 1:34-35)

마리아가 천사에게 말하되 나는 남자를 알지 못하니 어찌 이 일이 있으리이까. 천사가 대답하여 이르되 성령이 네게 임하시고 지극히 높으신 이의 능력이 너를 덮으시리니, 이러므로 나실 바 거룩한 이는 하나님의 아들이라 일컬어지리라.

(1) 동정녀란 남자를 경험하지 않는 여자를 가리킨다.

(2) 동정녀 출생이란 사람이면서 죄가 없는 분이라는 뜻이다.
  ① 아버지가 없으니 죄가 없다.
  ② 여자가 났으니 사람이다.

(3) 예수님은 우리와 같은 사람이되 죄가 없으니 다른 사람의 죄를 짊어질 수 있는 분이 되는 것이다.

2. 예수님이 지상에 오신 목적

1) 대속물이 되심

(1) 의인으로서 불의한 자를 대신하셨다. (벧전 3:18)
  그리스도께서도 단번에 죄를 위하여 죽으사 의인으로서 불의한 자를 대신하셨으니, 이는 우리를 하나님 앞으로 인도하려 하심이라. 육체로는 죽임을 당하시고 영으로는 살리심을 받으셨으니.

(2) 하나님과 사람 사이의 화해의 제물이 되셨다. (요 1서 4:10)
  사랑은 여기 있으니 우리가 하나님을 사랑한 것이 아니요. 하나님이 우리를 사랑하사 우리 죄를 속하기 위하여 화목제물로 그 아들을 보내셨음이라.

(3) 목숨까지 바치는 섬김을 위해 오셨다. (마 20:28)

인자가 온 것은 섬김을 받으려 함이 아니라 도리어 섬기려 하고 자기 목숨을 많은 사람의 대속물로 주려 함이니라.

2) 죄인을 부르러 오셨다. (마 9:13)

너희는 가서 내가 긍휼을 원하고 제사를 원하지 아니하노라 하신 뜻이 무엇인지 배우라 나는 의인을 부르러 온 것이 아니요, 죄인을 부르러 왔노라 하시니라.

(1) 이 세상 모든 사람은 죄인이지만 죄인이라고 고백하지 않는다.
(2) 주님은 죄인이라고 고백하는 사람을 찾으신다.

3) 죄인의 저주를 대신 받으러 오셨다.

(1) 율법의 저주 (갈 3:13)

그리스도께서 우리를 위하여 저주를 받은 바 되사 율법의 저주에서 우리를 속량하셨으니, 기록된 바 나무에 달린 자마다 저주 아래에 있는 자라 하였음이라.

(2) 죄에 대한 저주 (벧전 2:24)

친히 나무에 달려 그 몸으로 우리 죄를 담당하셨으니, 이는 우리로 죄에 대하여 죽고 의에 대하여 살게 하려 하심이라. 그가 채찍에 맞음으로 너희는 나음을 얻었나니.

(3) 예수님의 모든 고난은 신자에게서 유효하게 된다. (사 53:1-6)

우리가 전한 것을 누가 믿었느냐 여호와의 팔이 누구에게 나타났느냐. 그는 주 앞에서 자라나기를 연한 순 같고 마른 땅에서 나온 뿌리 같아서 고운 모양도 없고 풍채도 없은 즉, 우리가 보기에 흠모할 만한 아름다운 것이 없도다. 그는 멸시를 받아 사람들에게 버림 받았으며 간고를 많이 겪었으며 질고를 아는 자라. 마치 사람들이 그에게서 얼굴을 가리는 것 같이 멸시를 당하였고, 우리도 그를 귀히 여기지 아니하였도다. 그는 실로 우리의 질고를 지고 우리의 슬픔을 당하였거늘 우리는 생각하기를 그는 징벌을 받아 하나님께 맞으며 고난을 당한다 하였노라. 그가 찔림은 우리의 허물 때문이요, 그가 상함은 우리의 죄악 때문이라. 그가 징계를 받으므로 우리는 평화를 누리고 그가 채찍에 맞으므로 우리는 나음을 받았도다. 우리는 다 양 같아서 그릇 행하여 각기 제 길로 갔거늘 여호와께서는 우리 모두의 죄악을 그에게 담당시키셨도다.

4) 생명을 주시려 오셨다. (요 10:10)

도둑이 오는 것은 도둑질하고 죽이고 멸망시키려는 것뿐이요. 내가 온 것은 양으로 생명을 얻게 하고 더 풍성히 얻게 하려는 것이라.

3. 사람들의 반응

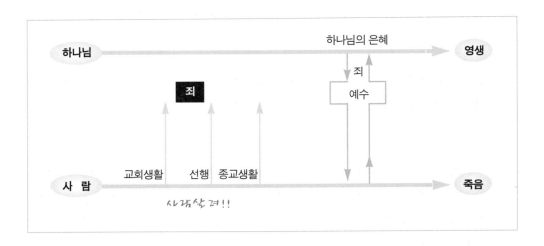

1) 사람들은 하나님을 만나 천국 가기 위해 여러 가지 노력을 하지만 죄가 가로막고 있으므로 헛된 수고가 된다.

   (1) 교회 생활

   (2) 선행

   (3) 다른 종교 생활

2) **하나님의 은혜가 사람에게 임하여 십자가를 만들어 영생으로 들어간다.**

   (1) 인간은 죄인임을 고백하라. (롬 3:23)
   모든 사람이 죄를 범하였으매 하나님의 영광에 이르지 못하더니.

   (2) 죄의 값은 사망임을 고백하라. (롬 6:23)
   죄의 삯은 사망이요 하나님의 은사는 그리스도 예수 우리 주 안에 있는 영생이니라.

   (3) 하나님의 사랑을 확인하라. (롬 5:8)
   우리가 아직 죄인 되었을 때에 그리스도께서 우리를 위하여 죽으심으로 하나님께서 우리에 대한 자기의 사랑을 확증하셨느니라.

   (4) 사랑의 은혜를 믿는다. 믿음도 선물이다. (엡 2:8-9)
   너희는 그 은혜에 의하여 믿음으로 말미암아 구원을 받았으니 이것은 너희에게서 난 것이 아니요 하나님의 선물이라. 행위에서 난 것이 아니니 이는 누구든지 자랑하지 못하게 함이라.

   (5) 예수그리스도를 마음으로 영접하라.
   ① 먼저 마음의 문을 연다. (계 3:20)
   볼지어다 내가 문 밖에 서서 두드리노니 누구든지 내 음성을 듣고 문을 열면

내가 그에게로 들어가 그와 더불어 먹고 그는 나와 더불어 먹으리라.

②내 안으로 모신다. (요 1:12)

영접하는 자 곧 그 이름을 믿는 자들에게는 하나님의 자녀가 되는 권세를 주셨으니.

(6) 단절의 관계가 연합의 관계가 되다.

(7) 주님과 동일한 일이 내 안에서 일어난다.

① 예수님의 십자가와 부활은 나와 함께 이루어졌다.(갈 2:20)

내가 그리스도와 함께 십자가에 못 박혔나니, 그런즉 이제는 내가 사는 것이 아니요 오직 내 안에 그리스도께서 사시는 것이라. 이제 내가 육체 가운데 사는 것은 나를 사랑하사 나를 위하여 자기 자신을 버리신 하나님의 아들을 믿는 믿음 안에서 사는 것이라.

② 주님의 죽음과 살아나심은 나의 죽음과 나의 거듭남이다.(롬 6:4-10)

그러므로 우리가 그의 죽으심과 합하여 세례를 받음으로 그와 함께 장사되었 나니 이는 아버지의 영광으로 말미암아 그리스도를 죽은 자 가운데서 살리심 과 같이 우리로 또한 새 생명 가운데서 행하게 하려 함이라. 만일 우리가 그 의 죽으심과 같은 모양으로 연합한 자가 되었으면, 또한 그의 부활과 같은 모 양으로 연합한 자도 되리라. 우리가 알거니와 우리의 옛 사람이 예수와 함께 십자가에 못 박힌 것은 죄의 몸이 죽어 다시는 우리가 죄에게 종 노릇 하지 아니하려 함이니, 이는 죽은 자가 죄에서 벗어나 의롭다 하심을 얻었음이라. 만일 우리가 그리스도와 함께 죽었으면 또한 그와 함께 살 줄을 믿노니, 이는 그리스도께서 죽은 자 가운데서 살아나셨으매 다시 죽지 아니하시고, 사망이 다시 그를 주장하지 못할 줄을 앎이로다. 그가 죽으심은 죄에 대하여 단번에 죽으심이요, 그가 살아 계심은 하나님께 대하여 살아 계심이니.

3) 거듭남의 비밀을 알자. (요 3:3-5)

예수께서 대답하여 이르시되 진실로 진실로 네게 이르노니 사람이 거듭나지 아니하면 하나님의 나라를 볼 수 없느니라. 니고데모가 이르되 사람이 늙으면 어떻게 날 수 있사옵나이까, 두 번째 모태에 들어갔다가 날 수 있사옵나이까, 예수께서 대답하시되 진실로 진실로 네게 이르노니 사람이 물과 성령으로 나지 아니하면 하나님의 나라에 들어갈 수 없느니라.

4) 과거 현재 미래가 해결되었다. (요 5:24)

내가 진실로 진실로 너희에게 이르노니 내 말을 듣고 또 나 보내신 이를 믿는 자는 영생을 얻었고 심판에 이르지 아니하나니 사망에서 생명으로 옮겼느니라.

(1) 과거 - 영생을 얻었다.

(2) 현재 - 사망에서 생명으로 옮겼다.

(3) 미래 - 심판에 이르지 않는다.

4. 사죄의 확신은 역사적 사실이다.

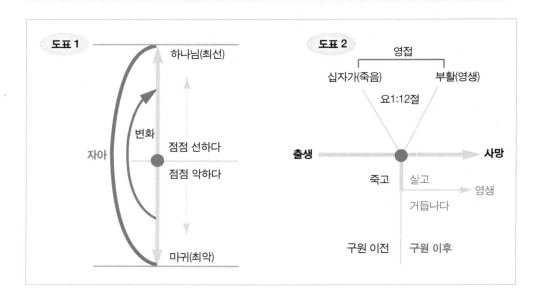

1) 도표 1
(1) 최선과 최악의 범위가 자아이다.
(2) 악에서 선으로 발전 즉 변화가 구원이 아니다.

2) 도표 2
(1) 예수님을 영접하는 것은 예수님의 십자가와 부활이 자신에게 넘어온 것이다.
(2) 예수님의 지상 역사가 개인의 역사로 옮겨지는 것이 구원이다.
(3) 새로운 출생만이 구원이다. (거듭남)

3) 대속 제물을 값으로 환산해 보라. 언제나 지불하고도 남는다.
(1) 대속 제물인 예수님의 값은 무한대
(2) 그 무한대가 우리의 죄값으로 지불되다.

(3) 그러므로 용서받지 못할 죄가 없다. 용서 받지 못할 죄가 있다면 그것은 예수님을
　　믿지 않는 성령 훼방죄 뿐이다.

4) 예수님의 대속은 일생의 대속이다.

(1) 신자가 믿는 시점이 언제이든지 상관이 없다.
(2) 예수님의 대속은 출생에서 사망까지이다.

5. 포괄적 그리스도인의 삶

애 굽	광 야	가 나 안
1. 예배(제사)가 없다. 2. 세상(바로왕)의 지배 3. 노예 생활 4. 저주 아래 있다.	1. 애굽 탈출 홍해를 건너다. 2. 예배(제사)가 있다. 3. 하나님(예수)이 통치 4. 하나님의 자녀 생활 5. 사람이 살 수 있는 조건이 없다. 6. 하나님의 인도 아래 있다. 7. 성막 중심	1. 요단강을 건너다. 2. 영적 전쟁(원주민) 3. 예배(제사) 4. 하나님의 통치 5. 하나님의 자녀 생활 6. 하나님의 인도 / 기업 7. 성전 중심
불신 생활	훈련받은 신자	복 받은 신자
구원받기 전의 삶	구원 받은 후의 하나님 은혜로서의 삶	
요 5: 24 (엡2:1-7)		

1. 예수님이 지상에 오신 것은 하나님의 절대적인 사랑입니다. 예수님이 어린양으로 오셨다는 세례요한의 고백을 설명하시오.

2. 예수님은 왜 동정녀로부터 출생하시게 되었습니까?

3. 예수님은 하나님입니다. 그러면서 동시에 누구이십니까?

4. 예수님의 죽음만이 사람의 구원이 되는 이유는 무엇입니까?

5. 예수 믿으면 천국 가는 것이 아니라 죄를 용서 받고 무엇이 되므로 천국을 갑니까?

6. 거듭난다는 말은 도덕적 발전은 아닙니다. 역사적 사건이라는 뜻을 설명하시오.

7. 예수님의 죽음과 부활이 어디에서 이루어졌나요?

8. 그리스도인이란 출생과 성장으로 나누입니다. 무슨 뜻인지 설명하시오.

9. 예수님의 대속은 완전한 대속 또는 일생의 대속이라는 말을 설명하시오.

10. 구원 이전과 이후를 당신의 생활로 간증해 보십시오.

제 7과 그리스도인의 삶 (구원 받은 이후의 생활)

1. 하나님과의 교제

1) 하나님과 교제할 수 밖에 없는 신분으로 바뀌다. (고후 5:17)

그런즉 누구든지 그리스도 안에 있으면 새로운 피조물이라, 이전 것은 지나갔으니 보라 새 것이 되었도다.

2) 구원 받았으나 죄를 지으면 일시적으로 하나님과 단절이 된다. 왜냐하면 죄는 하나님과 원수가 되기 때문이다. 그러므로 회복을 위한 3단계가 있다.

(1) 첫째 단계는 말씀의 심판이다

① 말씀은 자기를 발견하게 하는 빛이다. (요 1:1-5)

태초에 말씀이 계시니라. 이 말씀이 하나님과 함께 계셨으니, 이 말씀은 곧 하나님이시니라. 그가 태초에 하나님과 함께 계셨고, 만물이 그로 말미암아 지은 바 되었으니, 지은 것이 하나도 그가 없이는 된 것이 없느니라. 그 안에 생명이 있었으니, 이 생명은 사람들의 빛이라. 빛이 어둠에 비치되 어둠이 깨닫지 못하더라.

② 시력이 좋아서 보는 것이 아니고 빛이 있어야 보인다. 말씀은 빛이다.
(시 119:105)

주의 말씀은 내 발에 등이요 내 길에 빛이니이다.

③ 말씀은 삶의 교훈이다.(딤전 1:11, 4:6)

　이 교훈은 내게 맡기신 바 복되신 하나님의 영광의 복음을 따름이니라 / 네가 이것으로 형제를 깨우치면 그리스도 예수의 좋은 일꾼이 되어 믿음의 말씀과 네가 따르는 좋은 교훈으로 양육을 받으리라.

④ 말씀이 빛이 되어 하나님과 자신 사이의 막힌 담이 무엇인지 발견하고 시인하므로 단절이 무너지고 교제가 회복된다.

(2) 둘째 단계는 자백 기도가 심판이다. (요일 1:9)

　만일 우리가 우리 죄를 자백하면 그는 미쁘시고 의로우사 우리 죄를 사하시며 우리를 모든 불의에서 깨끗하게 하실 것이요.

① 구원에 이르는 회개가 있고 교제를 위한 자백 기도가 있다.

② 자백 기도 역시 회개 기도라고 할 수 있다.

③ 회개 기도는 주님과 나 사이의 단절을 무너뜨려 교제를 회복시킨다.

(3) 셋째 단계는 환경이 심판이 되어 깨닫고 돌아오는 것이다.

① 고난이 하나님의 메시지이다. (119:67)

　고난 당하기 전에는 내가 그릇 행하였더니 이제는 주의 말씀을 지키나이다.

② 환경은 하나님의 메시지로서 탕자를 돌아오게 하는 방법이다. (눅 15: 11-24)

　또 이르시되 어떤 사람에게 두 아들이 있는데 그 둘째가 아버지에게 말하되 아버지여 재산 중에서 내게 돌아올 분깃을 내게 주소서 하는지라. 아버지가 그 살림을 각각 나눠 주었더니, 그 후 며칠이 안 되어 둘째 아들이 재물을 다 모아 가지고 먼 나라에 가 거기서 허랑방탕하여 그 재산을 낭비하더니. 없앤 후 그 나라에 크게 흉년이 들어 그가 비로소 궁핍한지라. 가서 그 나라 백성 중 한 사람에게 붙여 사니 그가 그를 들로 보내어 돼지를 치게 하였는데 그가 돼지 먹는 쥐엄 열매로 배를 채우고자 하되 주는 자가 없는지라. 이에 스스로 돌이켜 이르되 내 아버지에게는 양식이 풍족한 품꾼이 얼마나 많은가 나는 여기서 주려 죽는구나. 내가 일어나 아버지께 가서 이르기를 아버지 내가 하늘과 아버지께 죄를 지었사오니 지금부터는 아버지의 아들이라 일컬음을 감당하지 못하겠나이다. 나를 품꾼의 하나로 보소서 하리라 하고 이에 일어나서 아버지께로 돌아가니라. 아직도 거리가 먼데 아버지가 그를 보고 측은히 여겨 달려가 목을 안고 입을 맞추니, 아들이 이르되 아버지 내가 하늘과 아버지께 죄를 지었사오니 지금부터는 아버지의 아들이라 일컬음을 감당하지 못하겠나이다. 아버지는 종들에게 이르되 제일 좋은 옷을 내어다가 입히고 손에 가락지를 끼우고 발에 신을 신기라, 그리고 살진 송아지를 끌어다가 잡으라, 우리가 먹고 즐기자, 이 내 아들은 죽었다가 다시 살아났으며 내가 잃었다가 다시 얻었노라 하니 그들이 즐거워하더라.

③ 주어진 환경이란 귀머거리도 알아 듣는 하나님의 확성기이다. 환경이 하나님의 메시지가 되어 돌이키므로 하나님과의 막힌 담이 헐리고 교제가 새롭게 열린다.

3) 하나님과의 교제의 목적

(1) 새로운 피조물 하나님의 자녀이기 때문이다.

(2) 구원 받은 성도의 삶은 하나님의 나라, 하나님의 통치가 이루어져야 하기 때문이다.

(3) 교제가 이루어지지 않으면 풍요가 없다.

(4) 사랑과 교제는 동전의 양면과 같다.

① 교제 단절의 고통은 사랑과 비례한다.

② 예수님의 가장 큰 고통은 십자가보다 십자가 선상에서 하나님께 버림받았을 때였다. (마 27:46)
제구시쯤에 예수께서 크게 소리 질러 이르시되 '엘리 엘리 라마 사박다니' 하시니 이는 곧 나의 하나님, 나의 하나님, 어찌하여 나를 버리셨나이까 하는 뜻이라.

2. 또 다른 목적은 예수그리스도의 분량으로 성장해 가는 것이다.

1) 성장하기 위해 성경 말씀을 양식으로 삼는다.

(1) 진정한 갈증은 말씀이 끊어질 때이다. (암 8:11)

주 여호와의 말씀이니라. 보라 날이 이를지라. 내가 기근을 땅에 보내리니 양식
이 없어 주림이 아니며, 물이 없어 갈함이 아니요, 여호와의 말씀을 듣지 못한
기갈이라.

(2) 영혼의 양식은 말씀이다. (시 78:24)

그들에게 만나를 비 같이 내려 먹이시며 하늘 양식을 그들에게 주셨나니.

(3) 구원 받았으니 구원을 이루어야 한다. 그 방법이 말씀이다. (벧전 2:2)

갓난 아기들 같이 순전하고 신령한 젖을 사모하라 이는 그로 말미암아 너희로
구원에 이르도록 자라게 하려 함이라.

2) 교회 공동체 안에서의 성장

(1) 공동체에 적응하려면 많은 것을 양보해야 한다. 그것이 성장의 방법이다. (엡 4:15)

오직 사랑 안에서 참된 것을 하여 범사에 그에게까지 자랄지라. 그는 머리니 곧
그리스도라.

(2) 교회는 예수님의 몸이요 성도는 그 지체이다. (고전 12:12-20)

몸은 하나인데 많은 지체가 있고 몸의 지체가 많으나 한 몸임과 같이 그리스도
도 그러하니라. 우리가 유대인이나 헬라인이나 종이나 자유인이나 다 한 성령
으로 세례를 받아 한 몸이 되었고, 또 다 한 성령을 마시게 하셨느니라. 몸은 한

지체뿐만 아니요 여럿이니, 만일 발이 이르되 나는 손이 아니니 몸에 붙지 아니하였다 할지라도 이로써 몸에 붙지 아니한 것이 아니요, 또 귀가 이르되 나는 눈이 아니니 몸에 붙지 아니하였다 할지라도 이로써 몸에 붙지 아니한 것이 아니니, 만일 온 몸이 눈이면 듣는 곳은 어디며 온 몸이 듣는 곳이면 냄새 맡는 곳은 어디냐. 그러나 이제 하나님이 그 원하시는 대로 지체를 각각 몸에 두셨으니 만일 다 한 지체뿐이면 몸은 어디냐 이제 지체는 많으나 몸은 하나라.

(3) 하나님은 신자를 부르실 때 야곱이라는 이름과 이스라엘이라는 이름으로 동시에 부르신다. (사 43:1-3)

야곱아 너를 창조하신 여호와께서 지금 말씀하시느니라. 이스라엘아 너를 지으신 이가 말씀하시느니라. 너는 두려워하지 말라. 내가 너를 구속하였고 내가 너를 지명하여 불렀나니 너는 내 것이라. 네가 물 가운데로 지날 때에 내가 너와 함께 할 것이라. 강을 건널 때에 물이 너를 침몰하지 못할 것이며, 네가 불 가운데로 지날 때에 타지도 아니할 것이요, 불꽃이 너를 사르지도 못하리니 대저 나는 여호와 네 하나님이요, 이스라엘의 거룩한 이요, 네 구원자임이라. 내가 애굽을 너의 속량물로, 구스와 스바를 너를 대신하여 주었노라.

① 야곱은 개인이다.
② 이스라엘은 공동체 교회이다.
③ 하나님은 신자 안에 두 이름을 부를 수 있을 때 축복하신다.
④ 개인과 공동체를 하나로 보는 패러다임을 기독교 윤리라고 한다.

1. 그리스도인의 삶은 크게 둘로 나뉩니다. 하나는 출생(거듭남)이고 다른 하나는 성장(양육)입니다. 그리스도인은 성장(양육)을 통하여 하나님과 교제가 이루어지고 이웃에게는 무엇이 이루어지는 것입니까?

2. 출생(거듭남)은 일생에 한 번이며 완전합니다. 만약 당신이 거듭난 후에 죄를 지으면 하나님과 어떤 관계가 될까요?

3. 구원 받은 자가 죄를 지었을 때 회복하는 첫 번째 단계는 무엇입니까?

4. 구원 받은 자가 죄를 지었을 때 회복하는 두 번째 단계는 무엇입니까?

5. 구원 받은 자가 죄를 지었을 때 회복하는 세 번째 단계가 무엇입니까?

6. 그리스도인의 모든 신앙 행위는 규범이라기보다 예수님의 분량으로 무엇하여 가는 것인가요?

7. 그리스도인의 신앙 성장을 위해서 말씀이 양식이 되어야 한다는 것에 대해 설명하시오.

8. 교회 공동체 생활의 유능함이 신앙 성장의 방법임에 대해 설명하시오.

9. 하나님은 자기 백성을 어떤 이름으로 부르십니까?

10. 통전적 기독교 윤리란 무엇입니까?

제8과 새 생명으로 가는 길

1. 선악과를 먹게 된 동기

1) 하나님이 되려는 시도였다.

2) 하나님이 되려는 인간을 하나님이 쫓아내시므로 하나님과 인간이 단절되었다.

3) 인간을 죄인이라고 할 때 이는 하나님과의 단절된 관계를 가리킨다.

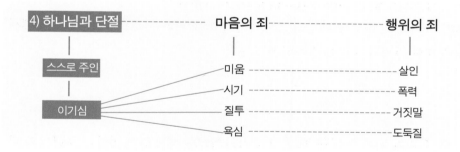

(1) 하나님과 단절되므로 하나님으로부터 공급이 끊어진다.
(2) 다른 사람으로부터 공급을 받아야 하므로 이기심(자기사랑)에 빠지다.
(3) 그러므로 마음의 죄가 생겼다.
(4) 마음의 죄가 밖으로 나오면 행위의 죄가 된다.

2. 구원을 위한 자기 고백

1) 모든 사람은 죄인이다. (롬 3:23)

　모든 사람이 죄를 범하였으매 하나님의 영광에 이르지 못하더니

　(1) 죄인이라고 할 때 존재론적이다.

　(2) 죄 없는 분은 하나님이 인간으로 오신 예수님 뿐이다.

2) 죄의 삯은 사망이다. (롬 6:23)

　죄의 삯은 사망이요, 하나님의 은사는 그리스도 예수 우리 주 안에 있는 영생이니라.

　(1) 영원하신 하나님과 분리되므로 인간은 영원하지 않다.

　(2) 하나님과 분리되었으므로 살아 생전에는 하나님과 상관 없이 살고 이 세상을 떠나면
　　하나님 없는 곳(지옥)으로 간다.

3) 예수 그리스도의 죽음이 사람들의 죄값이 되었다. (롬 5:8)

　우리가 아직 죄인 되었을 때 그리스도께서 우리를 위하여 죽으심으로 하나님께서
우리에 대한 자기의 사랑을 확증하셨느니라.

　(1) 아직 죄인이라는 말씀은

　　① 현재 하나님과 원수 관계 (롬 5:10)
　　　곧 우리가 원수 되었을 때에 그의 아들의 죽으심으로 말미암아 하나님과 화
　　　목하게 되었은즉, 화목하게 된 자로서는 더욱 그의 살아나심으로 말미암아
　　　구원을 받을 것이니라.

　　② 현재 사랑 받을 대상이 아니다. (롬 5:6)
　　　우리가 아직 연약할 때에 기약대로 그리스도께서 경건하지 않은 자를 위하
　　　여 죽으셨도다.

(2) 그와 같은 우리를 위해 죽으셨다는 것은 하나님의 인간에 대한 사랑의 확증이다.(롬 5:8)

우리가 아직 죄인이 되었을 때에 그리스도께서 우리를 위하여 죽으심으로 하나님께서 우리에 대한 자기의 사랑을 확증 하셨느니라.

4) 이것이 하나님의 은혜이다. (엡 2:8)

너희는 그 은혜에 의하여 믿음으로 말미암아 구원을 받았으니 이것은 너희에게서 난 것이 아니요 하나님의 선물이라.

(1) 하나님의 은혜를 믿음으로 구원 받는다.

(2) 이 믿음도 이성으로서의 결단이 아니다. 하나님이 주신 선물이다.

5) 이제 마음으로 예수 그리스도를 영접한다. (요 1:12)

영접하는 자 곧 그 이름을 믿는 자들에게는 하나님의 자녀가 되는 권세를 주셨으니

(1) 예수님을 영접하기 위해 마음의 문을 연다. (계 3:20)

볼지어다. 내가 문 밖에 서서 두드리노니 누구든지 내 음성을 듣고 문을 열면 내가 그에게로 들어가 그와 더불어 먹고 그는 나와 더불어 먹으리라.

(2) 마음의 문 밖에 계신 주님을 내 마음으로 모셔들인다.

(3) 내가 주인이었던 삶이 주님이 주인된 삶으로 바뀐다.

3. 다음과 같은 자기 고백서를 작정한다.

1) 구원(영생) 받기 전의 나의 모습

(1) 불신자 시절이 있어야 신자 시절이 있다.

(2) 구원 받기 전의 자신이 뚜렷해야 구원 받은 이후의 자신도 뚜렷해진다.

2) 구원(영생) 얻게 된 사건

(1) 구원이란 정신적 세계가 아니다.

(2) 구원은 전인적 사건이기 때문에 반드시 역사적이어야 한다.

3) 신앙고백

(1) 죄에 대한 고백

(2) 그 죄를 주님이 처리했다는 분명한 간증이 필요하다.

(3) 구원에 관계되는 성경 구절을 보증으로 제시하는 것이 좋다.

4) 구원(영생) 얻은 후의 나의 모습

(1) 구원 받기 전의 나의 모습에 대한 대반전이다.

(2) 행위가 구원은 아니지만 구원 받으면 그 열매가 있다.

4. 그리스도인의 삶의 중심은 하나님을 향한 예배이다. (요 4:24)

하나님은 영이시니 예배하는 자가 영과 진리로 예배할지니라.

1) 삶의 제1순위가 예배이다.

2) 모든 응답은 예배를 통해 받는다.

5. 전도해서 다른 영혼을 구원해야 한다. (고전 9:16)

내가 복음을 전할지라도 자랑할 것이 없음은 내가 부득불 할 일임이라. 만일 복음을 전하지 아니하면 내게 화가 있을 것이로다.

1) 나를 구원하신 하나님의 목적은 나를 통해 다른 사람을 구원하려는 것이다.

2) 교회를 세우신 하나님의 이유는 그 교회를 통해 예루살렘과 온 유대와 사마리아와 땅끝까지 전도하시려는 것이다.

6. 성령 충만해서 하나님의 다스림이 있어야 한다. (엡 5:18)

술 취하지 말라 이는 방탕한 것이니 오직 성령으로 충만함을 받으라.

1) 그리스도인의 삶은 하나님의 통치이다.

2) 하나님의 통치를 위해 오직 구하는 것은 성령 충만이다.

3) 성령 충만하지 않으면 인본주의가 된다.

4) 봉사는 은사로 하는 것이지 충성으로 하는 것이 아니다.

7. 교회 중심으로 사생활이 이루어지므로 축복의 문이 열려야 한다. (시 84:10)

주의 궁정에서의 한 날이 다른 곳에서의 천 날보다 나은즉 악인의 장막에 사는 것 보다 내 하나님의 성전 문지기로 있는 것이 좋사오니.

1) 교회 중심 생활이란 개인의 사생활보다 교회의 생활을 우선시하는 것이다.

2) 교회의 공동체 생활에 우선하므로 개인주의가 아닌 이타주의가 된다.

8. 담임목사와 관계가 양과 목자가 되어야 한다. (신 21:5)

레위 자손 제사장들도 그리로 갈지니 그들은 네 하나님 여호와께서 택하사 자기를 섬기게 하시며, 또 여호와의 이름으로 축복하게 하신 자라. 모든 소송과 모든 투쟁 이 그들의 말대로 판결될 것이니라.

1) 레위 자손 제사장은 담임목사이다.

2) 담임목사는 예배권, 축복권, 판결권이 있다.

9. 찬송하고, 기뻐하고, 기도하고 감사해야 한다. (살전 5:16-18)

항상 기뻐하라. 쉬지 말고 기도하라. 범사에 감사하라. 이것이 그리스도 예수 안에 서 너희를 향하신 하나님의 뜻이니라.

1) 찬송하고, 기뻐하고, 기도하고, 감사하는 것은 하나님과의 교제의 열매이다.

2) 찬송이 끊어지고, 기쁨을 잃고, 기도가 없고, 감사가 메마르면 영적으로 건강하지 못한 것이다.

10. 주일은 온전히 지키는 것이다. (출 20:8-11)

안식일을 기억하여 거룩하게 지키라. 엿새 동안은 힘써 네 모든 일을 행할 것이나 일곱째 날은 네 하나님 여호와의 안식일인즉 너나 네 아들이나 네 딸이나 네 남종이나 네 여종이나 네 가축이나 네 문 안에 머무는 객이라도 아무 일도 하지 말라. 이는 엿새 동안에 나 여호와가 하늘과 땅과 바다와 그 가운데 모든 것을 만들고 일곱째 날에 쉬었음이라. 그러므로 나 여호와가 안식일을 복되게 하여 그 날을 거룩하게 하였느니라.

1) 가장 복된 날이 안식일(주일)이다.

2) 주일 성수는 하나님의 통치권 안에 있다는 간증이 된다.

11. 십일조 생활하면 반드시 복을 받는다. (말 3:10)

만군의 여호와가 이르노라. 너희의 온전한 십일조를 창고에 들여 나의 집에 양식이 있게 하고 그것으로 나를 시험하여 내가 하늘 문을 열고 너희에게 복을 쌓을 곳이 없도록 붓지 아니하나 보라.

1) 십일조는 헌금이 아니고 하나님에 대한 소유권 고백이다.

2) 모든 소득이 하나님으로부터 오지 않으면 소득 자체가 죄가 된다.

12. 교회 질서에 순종해야 한다. (딤전 5:17-22)

잘 다스리는 장로들은 배나 존경할 자로 알되 말씀과 가르침에 수고하는 이들에게는 더욱 그리할 것이니라. 성경에 일렀으되 곡식을 밟아 떠는 소의 입에 망을 씌우지 말라 하였고 또 일꾼이 그 삯을 받는 것은 마땅하다 하였느니라. 장로에 대한 고발은 두세 증인이 없으면 받지 말 것이요, 범죄한 자들을 모든 사람 앞에서 꾸짖어 나머지 사람들로 두려워하게 하라. 하나님과 그리스도 예수와 택하심을 받은 천사들 앞에서 내가 엄히 명하노니 너는 편견이 없이 이것들을 지켜 아무 일도 불공평하게 하지 말며, 아무에게나 경솔히 안수하지 말고 다른 사람의 죄에 간섭하지 말며, 네 자신을 지켜 정결하게 하라.

1) 교회의 주인은 예수그리스도이시다.

2) 교회의 모든 직분자는 그리스도 예수로부터 위임 받은 것이다.

   (1) 담임목사는 그 직분을 예수님에게서 받는다.
   (2) 교회의 각 봉사자의 직분은 담임목사로 부터 받는다.

1. 아담과 하와가 선악과를 먹게 된 동기가 무엇입니까?

2. 죄와 죄의 열매는 어떻게 다른가요?

3. 구원에 대한 자기 고백의 출발선은 무엇입니까?

4. 죄인이라는 고백이 있을 때 인격적으로 누가 영접이 됩니까?

5. 구원은 믿음으로 얻습니다. 이 믿음의 출처는 어디입니까?

6. 구원의 자기 고백을 4단계로 설명하시오.

7. 그리스도인의 삶의 중심은 무엇입니까?

8. 구원 받으면 자연스럽게 무슨 열매가 열립니까?

9. 봉사는 충성이 아니고 은사라는 것에 대해 설명하시오.

10. 축복의 문이 열리는 비결은 무엇입니까?

11. 담임목사와의 관계가 양과 목자라는 것에 대해 설명하시오.

12. 하나님의 통치권 안에 있다는 증거는 무엇입니까?

제 9 과 숨겨진 예수그리스도 (출 14:21-29절)

21 모세가 바다 위로 손을 내밀매 여호와께서 큰 동풍이 밤새도록 바닷물을 물러가게 하시니 물이 갈라져 바다가 마른 땅이 된지라. 22 이스라엘 자손이 바다 가운데를 육지로 걸어가고 물은 그들의 좌우에 벽이 되니 23 애굽 사람들과 바로의 말들, 병거들과 그 마병들이 다 그들의 뒤를 추격하여 바다 가운데로 들어오는지라.

24 새벽에 여호와께서 불과 구름 기둥 가운데서 애굽 군대를 보시고 애굽 군대를 어지럽게 하시며 25 그들의 병거 바퀴를 벗겨서 달리기가 어렵게 하시니 애굽 사람들이 이르되 이스라엘 앞에서 우리가 도망하자 여호와가 그들을 위하여 싸워 애굽 사람들을 치는도다. 26 여호와께서 모세에게 이르시되 네 손을 바다 위로 내밀어 물이 애굽 사람들과 그들의 병거들과 마병들 위에 다시 흐르게 하라 하시니 27 모세가 곧 손을 바다 위로 내밀매 새벽이 되어 바다의 힘이 회복된지라. 애굽 사람들이 물을 거슬러 도망하나 여호와께서 애굽 사람들을 바다 가운데 엎으시니

28 물이 다시 흘러 병거들과 기병들을 덮되 그들의 뒤를 따라 바다에 들어간 바로의 군대를 다 덮으니 하나도 남지 아니하였더라. 29 그러나 이스라엘 자손은 바다 가운데를 육지로 행하였고 물이 좌우에 벽이 되었더라.

Ⅰ. 본문배경

1. 이스라엘 백성들은 애굽 땅 바로왕의 통치를 받으며 살고 있습니다.

1) 애굽은 다민족 국가입니다.

(1) 어느 한 민족이 강해지면 통치자인 왕이 자신의 통치권에 위협을 느끼게 됩니다.

(2) 애굽의 여러 민족 중 이스라엘 히브리 민족이 유별나게 번성하였습니다.

2) 강성해지는 이스라엘에 두려움을 가진 바로왕의 학대가 시작되었습니다. (출 1:22)

그러므로 바로가 그의 모든 백성에게 명령하여 이르되 아들이 태어나거든
너희는 그를 나일 강에 던지고 딸이거든 살려두라 하였더라.

(1) 중노동을 시켜 번성함을 막으려 합니다.

(2) 그러나 계속 번성함으로 남자가 태어나면 모두 죽였습니다.

3) 이스라엘 백성들은 바로왕의 학정에서 탈출하기 위해 하나님께 부르짖어 기도합니다. (출 2:23-25)

여러 해 후에 애굽 왕은 죽었고 이스라엘 자손은 고된 노동으로 말미암아 탄식하
며 부르짖으니 그 고된 노동으로 말미암아 부르짖는 소리가 하나님께 상달된지
라. 하나님이 그들의 고통 소리를 들으시고 하나님이 아브라함과 이삭과 야곱에
게 세운 그의 언약을 기억하사 하나님이 이스라엘 자손을 돌보셨고 하나님이 그
들을 기억하셨더라.

(1) 이스라엘의 부르짖음이 하나님께 상달되었습니다.

(2) 하나님은 이스라엘이 언약의 백성이므로 애굽에서 떠날 수 있도록 계획을 세우셨습니다.

2. 하나님의 구원 계획에 따라 모세가 태어납니다.

1) 남자로 출생하면 반드시 죽어야 하는 환경에서 모세가 태어납니다. (출 2:1-3)

레위 가족 중 한 사람이 가서 레위 여자에게 장가 들어 그 여자가 임신하여 아들을 낳으니 그가 잘생긴 것을 보고 석 달 동안 그를 숨겼으나 더 숨길 수 없게 되매 그를 위하여 갈대 상자를 가져다가 역청과 나무 진을 칠하고 아기를 거기 담아 나일 강 가 갈대 사이에 두고

(1) 모세는 태어난 후 3개월을 숨겨 키웠으나 더 이상 키울 수가 없었습니다.

(2) 그러므로 갈대상자에 모세를 넣고 나일강에 띄웠습니다.

2) 강가에 나들이 나왔던 바로왕의 딸이 모세를 건져 양자로 삼습니다. (출 2:4-10)

그의 누이가 어떻게 되는지를 알려고 멀리 섰더니 바로의 딸이 목욕하러 나일 강으로 내려오고 시녀들은 나일 강 가를 거닐 때에 그가 갈대 사이의 상자를 보고 시녀를 보내어 가져다가 열고 그 아기를 보니 아기가 우는지라. 그가 그를 불쌍히 여겨 이르되 이는 히브리 사람의 아기로다. 그의 누이가 바로의 딸에게 이르되 내가 가서 당신을 위하여 히브리 여인 중에서 유모를 불러다가 이 아기에게 젖을 먹이게 하리이까. 바로의 딸이 그에게 이르되 가라 하매 그 소녀가 가서 그 아기의 어머니를 불러오니 바로의 딸이 그에게 이르되 이 아기를 데려다가 나를 위하여 젖을 먹이라, 내가 그 삯을 주리라. 여인이 아기를 데려다가 젖을 먹이더니 그 아기가 자라매 바로의 딸에게로 데려가니 그가 그의 아들이 되니라. 그가 그의 이름을 모세라 하여 이르되 이는 내가 그를 물에서 건져내었음이라 하였더라.

(1) 모세는 애굽 왕자의 신분으로 왕도 교육을 받습니다.

① 왕도 교육이란 당시 최고의 교육 시스템입니다.

② 하나님 반대쪽 교육이지만 인성 교육의 첨단이라 할 수 있습니다.

3. 모세 나이 40세가 되던 어느 날 자신은 노예 신분인 이스라엘 히브리 민족이라는 것을 알게 됩니다.

1) 주어진 환경에 적응만 하면 부귀 영화가 보장되어 있습니다.

2) 왕위 계승권자 중의 한 사람이기 때문에 왕이 되어 이스라엘 민족을 해방시킬 수도 있습니다.

3) 그러나 모세는 노예 신분인 이스라엘 민족으로 돌아갑니다.

　(1) 근본을 귀중히 여기는 사람

　(2) 모세의 큰 인물됨과 진실한 인간성을 느낄 수 있습니다.

　　① 왕관을 버리고 사명을 선택한 결단은 애굽 궁전에서의 왕도 교육의 결과라고 할 수 있습니다.

　　② 영적 지도자에게 인성 교육의 중요성을 깨닫게 하는 사건입니다.

4) 모세는 이스라엘 민족을 돕다가 바로왕과 충돌하므로 미디안 광야로 도망을 갑니다. (출 2:15)
바로가 이 일을 듣고 모세를 죽이고자 하여 찾는지라 모세가 바로의 낯을 피하여 미디안 땅에 머물며 하루는 우물 곁에 앉았더라.

　(1) 하나님의 섭리입니다.

　(2) 하나님은 모세에게 인성 훈련 40년을 마치고 다시 영성 훈련으로 인도하신 것입니다.

5) 모세의 영성 훈련은 미디안 광야에서 이드로 제사장의 사위가 되어 40년을 장인의 양치기로 사는 것입니다. (출 2:21-22)

모세가 그와 동거하기를 기뻐하매 그가 그의 딸 십보라를 모세에게 주었더니 그가 아들을 낳으매 모세가 그의 이름을 게르솜이라 하여 이르되 내가 타국에서 나그네가 되었음이라 하였더라.

(1) 왕자의 신분에서 양치기로 낮아지는 삶이 40년입니다.

(2) 영성훈련이란 아무것도 하지 않는 훈련입니다. 왜냐하면 하나님이 하셔야 하기 때문입니다.

4. 모세 나이 80세가 되는 어느 날 입니다.

1) 호렙산 기슭에서 양을 치고 있는데 떨기나무에 불이 붙었으나 사라지지 않습니다.
(출 3:1-3)

모세가 그의 장인 미디안 제사장 이드로의 양 떼를 치더니 그 떼를 광야 서쪽으로 인도하여 하나님의 산 호렙에 이르매 여호와의 사자가 떨기나무 가운데로부터 나오는 불꽃 안에서 그에게 나타나시니라. 그가 보니 떨기나무에 불이 붙었으나 그 떨기나무가 사라지지 아니하는지라. 이에 모세가 이르되 내가 돌이켜 가서 이 큰 광경을 보리라. 떨기나무가 어찌하여 타지 아니하는고 하니 그 때에

(1) 떨기나무에 불이 붙었으면 시간이 지나면서 그 불이 사라져야 합니다. 그러나 사라지지 않고 계속해서 타오르고 있습니다.

(2) 모세는 그 광경을 보기 위해 떨기나무 가까이 갔습니다.

(3) 사람은 자신 안에 있는 것만 볼 수 있습니다.

① 시력이 좋아서 보는 게 아니고 내 안에 있는 것만 보입니다.

② 그 사람 안에 장미꽃이 없으면 눈이 있어도 그 장미꽃을 볼 수 없습니다.

(4) 모세가 여러 나무 중에 떨기나무만 보았다는 것은 자신 안에 떨기나무가 있다는 것입니다. 즉 자신을 떨기나무로 발견했다는 것입니다.

(5) 나무에는 4종류가 있습니다.

① 관상수로서 남을 즐겁게 합니다.

② 과일나무로서 열매로 남을 유익하게 합니다.

③ 재목으로서 집을 짓는 데 사용됩니다.

④ 떨기나무는 땅만 차지하고 남을 찌르기나 하는 나무입니다.

2) 모세는 미디안 광야에서 40년을 양치기로 살면서 자신을 떨기나무로 보는 자기 발견의 겸손이 생겼습니다. (출 3:4)

여호와께서 그가 보려고 돌이켜 오는 것을 보신지라 하나님이 떨기나무 가운데서 그를 불러 이르시되 모세야 모세야 하시매 그가 이르되 내가 여기 있나이다.

(1) 떨기나무에 불이 붙었다는 것은 모세의 심령에 불이 붙었다는 것입니다.

(2) 자신을 겸손하게 낮출 때 성령의 불길이 타오릅니다.

(3) 그리고 하나님의 음성을 듣습니다.

① 40세 젊은 나이에 헌신했을 때는 하나님은 계시지 않는 듯 침묵하셨습니다.

② 80세 노인이지만 자기발견을 통해 성령의 불이 타오르자 하나님이 찾고 부르십니다.

3) 하나님께서 모세에게 사명을 주셨습니다. (출 3:5-12)

하나님이 이르시되 이리로 가까이 오지 말라. 네가 선 곳은 거룩한 땅이니 네 발에서 신을 벗으라. 또 이르시되 나는 네 조상의 하나님이니 아브라함의 하나님, 이삭의 하나님, 야곱의 하나님이니라 모세가 하나님 뵈옵기를 두려워하여 얼굴을 가리매, 여호와께서 이르시되 내가 애굽에 있는 내 백성의 고통을 분명히 보고 그들이 그들의 감독자로 말미암아 부르짖음을 듣고 그 근심을 알고 내가 내려가서 그들을 애굽인의 손에서 건져내고 그들을 그 땅에서 인도하여 아름답고 광대한 땅, 젖과 꿀이 흐르는 땅 곧 가나안 족속, 헷 족속, 아모리 족속, 브리스 족속, 히위 족속, 여부스 족속의 지방에 데려가려 하노라. 이제 가라. 이스라엘 자손의 부르짖음이 내게 달하고 애굽 사람이 그들을 괴롭히는 학대도 내가 보았으니, 이제 내가 너를 바로에게 보내어 너에게 내 백성 이스라엘 자손을 애굽에서 인도하여 내게 하리라. 모세가 하나님께 아뢰되 내가 누구이기에 바로에게 가며 이스라엘 자손을 애굽에서 인도하여 내리이까 하나님이 이르시되 내가 반드시 너와 함께 있으리라. 네가 그 백성을 애굽에서 인도하여 낸 후에 너희가 이 산에서 하나님을 섬기리니 이것이 내가 너를 보낸 증거니라.

(1) 내 앞에서 신을 벗으라.

(2) 나는 아브라함과 이삭과 야곱의 하나님이다.

(3) 내가 애굽 땅에 있는 내 백성의 고통을 보았다.

(4) 그들의 부르짖는 기도 소리를 들었다.

(5) 그들의 근심을 안다.

(6) 내 백성을 애굽에서 이끌어 내어 언약의 땅 가나안으로 인도하라.

(7) 나 하나님 여호와는 반드시 너와 함께 하리라.

5. 이스라엘 민족의 애굽 탈출은 바로왕이 허락해야 합니다.

1) 하나님은 바로왕을 움직이기 위해 10가지 재앙을 내립니다.

(1) 10가지 재앙의 순서입니다.

① 물이 피가 되다.

② 개구리 떼가 올라오고

③ 티끌이 이가되며

④ 파리가 가득하다.

⑤ 가축에게 돌림병이 생기고

⑥ 사람과 짐승에게 악성 종기가 생기다.

⑦ 우박이 내리고

⑧ 메뚜기가 땅을 덮고

⑨ 흑암이 세상을 지배하고

⑩ 사람과 짐승의 첫 새끼가 죽다.

(2) 하나님께서 바로왕을 항복시키기 위해 내린 재앙을 세상 사람들은 자연 현상으로 해석하고 그리스도인은 하나님의 메시지로 고백합니다.

2) 바로왕은 모세에게 항복하고 이스라엘 백성들의 출애굽을 허락합니다. (출 12:31-36)

밤에 바로가 모세와 아론을 불러서 이르되 너희와 이스라엘 자손은 일어나 내 백성 가운데에서 떠나 너희의 말대로 가서 여호와를 섬기며, 너희가 말한 대로 너희 양과 너희 소도 몰아가고 나를 위하여 축복하라 하며, 애굽 사람들은 말하기를 우리가 다 죽은 자가 되도다 하고 그 백성을 재촉하여 그 땅에서 속히 내보내려 하므로 그 백성이 발교되지 못한 반죽 담은 그릇을 옷에 싸서 어깨에 메니라. 이스라엘 자손이 모세의 말대로 하여 애굽 사람에게 은금 패물과 의복을 구하매, 여호와께서 애굽 사람들에게 이스라엘 백성에게 은혜를 입히게 하사 그들이 구하는 대로 주게 하시므로 그들이 애굽 사람의 물품을 취하였더라.

(1) 바로왕은 모세와 아론에게 이르기를

① 이스라엘 자손을 데리고 애굽을 떠나 너희 하나님께 예배드려라.
② 너희의 모든 소유는 너희가 가져가고 나를 위하여 축복하라.

(2) 이스라엘 백성은 애굽을 급히 떠나되

① 발교되지 않는 빵(무교병)과
② 하나님의 역사에 따라 애굽 사람들이 많은 재물을 이스라엘 사람들에게 헌납하였습니다.
③ 그러므로 이스라엘은 오랜 노동력 착취를 당한 것에 대한 보상을 받은 것입니다.

3) 드디어 이스라엘은 출애굽 하여 홍해 앞에 왔습니다. (출 14:1-2)
여호와께서 모세에게 말씀하여 이르시되, 이스라엘 자손에게 명령하여 돌이켜 바다와 믹돌 사이의 비하히롯 앞 곧 바알스본 맞은편 바닷가에 장막을 치게 하라.

(1) 드디어 이스라엘의 꿈이 실현되었습니다.

(2) 하나님이 살도록 정해준 땅 가나안을 향한 여정이 시작되었습니다.

4) 그와 같은 시간에 애굽의 바로왕은 이스라엘 민족의 출애굽 허락을 취소합니다.
(출 14:5-9)
그 백성이 도망한 사실이 애굽 왕에게 알려지매 바로와 그의 신하들이 그 백성에 대하여 마음이 변하여 이르되 우리가 어찌 이같이 하여 이스라엘을 우리를 섬김에서 놓아 보내었는가 하고 바로가 곧 그의 병거를 갖추고 그의 백성을 데리고 갈새, 선발된 병거 육백 대와 애굽의 모든 병거를 동원하니 지휘관들이 다 거느렸더라. 여호와께서 애굽 왕 바로의 마음을 완악하게 하셨으므로 그가 이스라엘 자손의 뒤를 따르니 이스라엘 자손이 담대히 나갔음이라.. 애굽 사람들과 바로의 말들, 병거들과 그 마병과 그 군대가 그들의 뒤를 따라 바알스본 맞은편 비하히롯 곁 해변 그들이 장막 친 데에 미치니라.

(1) 노예 민족 이스라엘은 바로왕에게 엄청난 재산입니다.

(2) 바로왕은 이스라엘을 다시 붙잡아 노예 신분으로 살게 하려고 군대를 동원합니다.

II. 본문 내용

1. 이스라엘 백성의 앞은 홍해요 뒤는 애굽 군대입니다.

1) 위기 앞에 이스라엘 백성들의 태도입니다. (출 14:10-12)
   바로가 가까이 올 때에 이스라엘 자손이 눈을 들어 본즉 애굽 사람들이 자기들 뒤에 이른지라 이스라엘 자손이 심히 두려워하여 여호와께 부르짖고 그들이 또 모세에게 이르되 애굽에 매장지가 없어서 당신이 우리를 이끌어 내어 이 광야에서 죽게 하느냐, 어찌하여 당신이 우리를 애굽에서 이끌어 내어 우리에게 이같이 하느냐, 우리가 애굽에서 당신에게 이른 말이 이것이 아니냐, 이르기를 우리를 내버려 두라. 우리가 애굽 사람을 섬길 것이라 하지 아니하더냐, 애굽 사람을 섬기는 것이 광야에서 죽는 것보다 낫겠노라.

(1) 두려워서 기도합니다.

　① 두려움이 있다는 것은 믿음의 기도가 아닙니다.
　② 믿음의 기도에는 두려움이 없습니다.

(2) 지도자 모세를 원망합니다.

　① 430년 출애굽을 위해 기도한 사람들입니다.
　② 하나님은 이스라엘의 소원대로 모세를 세워 그 기도에 응답한 것입니다.
　③ 그런데 위기가 오니까 지도자를 원망합니다.
　④ 애굽을 그리워하는 과거지향주의 노예 기질입니다.

2) 위기 앞에 모세의 태도입니다. (출 14:13-15)

모세가 백성에게 이르되 너희는 두려워하지 말고 가만히 서서 여호와께서 오늘 너희를 위하여 행하시는 구원을 보라. 너희가 오늘 본 애굽 사람을 영원히 다시 보지 아니하리라. 여호와께서 너희를 위하여 싸우시리니 너희는 가만히 있을지니라. 여호와께서 모세에게 이르시되 너는 어찌하여 내게 부르짖느냐, 이스라엘 자손에게 명령하여 앞으로 나아가게 하고

(1) 모세는 백성들에게 가만히 있으라고 합니다.

(2) 가만히 있으라는 말은 살아계신 하나님을 인정하는 것입니다.

(3) 가만히 있어야 하나님이 돕습니다.

2. 하나님은 모세를 통하여 이스라엘을 구원하십니다.

1) 모세는 하나님의 말씀에 순종하여 손에 지팡이를 잡고 바다에게 명령합니다. (출 14:16-22)

지팡이를 들고 손을 바다 위로 내밀어 그것이 갈라지게 하라. 이스라엘 자손이 바다 가운데서 마른 땅으로 행하리라. 내가 애굽 사람들의 마음을 완악하게 할 것인즉 그들이 그 뒤를 따라 들어갈 것이라 내가 바로와 그의 모든 군대와 그의 병거와 마병으로 말미암아 영광을 얻으리니, 내가 바로와 그의 병거와 마병으로 말미암아 영광을 얻을 때에야 애굽 사람들이 나를 여호와인 줄 알리라 하시더니, 이스라엘 진 앞에 가던 하나님의 사자가 그들의 뒤로 옮겨 가매 구름 기둥도 앞에서 그 뒤로 옮겨 애굽 진과 이스라엘 진 사이에 이르러 서니, 저쪽에는 구름과 흑암이 있고 이쪽에는 밤이 밝으므로 밤새도록 저쪽이 이쪽에 가까이 못하였더라. 모세가 바다 위로 손을 내밀매 여호와께서 큰 동풍이 밤새도록 바닷물을 물러가게 하시니 물이 갈라져 바다가 마른 땅이 된지라. 이스라엘 자손이 바다 가운데를 육지로 걸어가고 물은 그들의 좌우에 벽이 되니

(1) 하나님은 이스라엘과 애굽 사이에 흑암을 만들어 애굽 군인들이 이스라엘에 접근하지 못하게 합니다.

(2) 밤새 동풍이 불어 바다 좌우에 물벽이 세워지고 대로가 생겼습니다.

(3) 이스라엘 백성들은 바다를 육지처럼 건너게 됩니다.

2) 애굽 군대가 이스라엘 백성들을 쫓아 바닷길을 달려옵니다. (출 14:23-28)

애굽 사람들과 바로의 말들, 병거들과 그 마병들이 다 그들의 뒤를 추격하여 바다 가운데로 들어오는지라. 새벽에 여호와께서 불과 구름 기둥 가운데서 애굽 군대를 보시고 애굽 군대를 어지럽게 하시며, 그들의 병거 바퀴를 벗겨서 달리기가 어렵게 하시니 애굽 사람들이 이르되 이스라엘 앞에서 우리가 도망하자 여호와가 그들을 위하여 싸워 애굽 사람들을 치는도다. 여호와께서 모세에게 이르시되 네 손을 바다 위로 내밀어 물이 애굽 사람들과 그들의 병거들과 마병들 위에 다시 흐르게 하라 하시니, 모세가 곧 손을 바다 위로 내밀매 새벽이 되어 바다의 힘

이 회복된지라. 애굽 사람들이 물을 거슬러 도망하나 여호와께서 애굽 사람들을 바다 가운데 엎으시니, 물이 다시 흘러 병거들과 기병들을 덮되 그들의 뒤를 따라 바다에 들어간 바로의 군대를 다 덮으니 하나도 남지 아니하였더라.

(1) 이스라엘이 홍해를 무사히 건넜을 때 애굽 군대는 아직 바다 대로 가운데 있었습니다.

(2) 모세가 손에 지팡이를 잡고 바다를 향하매 좌우에 물벽이 일시에 합하여 길이 물 속에 잠기게 됩니다.

   ① 애굽 군대는 물 속에 침몰되어 모두 죽었습니다.
   ② 이스라엘처럼 홍해 길을 건너는 애굽 사람들의 모방신앙의 결과입니다.

3) 이스라엘은 광야로 건너왔고 애굽 군대는 더 이상 추격할 수 없습니다. (출 14:29-31)
그러나 이스라엘 자손은 바다 가운데를 육지로 행하였고 물이 좌우에 벽이 되었더라. 그날에 여호와께서 이같이 이스라엘을 애굽 사람의 손에서 구원하시매 이스라엘이 바닷가에서 애굽 사람들이 죽어 있는 것을 보았더라. 이스라엘이 여호와께서 애굽 사람들에게 행하신 그 큰 능력을 보았으므로 백성이 여호와를 경외하며 여호와와 그의 종 모세를 믿었더라.

(1) 홍해는 애굽 세상과 광야 세상으로 나누게 합니다.

(2) 애굽을 떠나 홍해 건너 광야 생활하는 사람을 이스라엘 민족이라고 부릅니다.

   ① 애굽 사람이라도 홍해를 건너 광야로 왔으면 이스라엘이요.
   ② 이스라엘 사람이라도 홍해를 건너 광야로 오지 못하면 이스라엘이 아닙니다.

(3) 이스라엘 백성들이 홍해를 건넌 간증으로 인해 하나님을 경외하며 모세를 신뢰하였습니다.

III. 본문이 주는 교훈

1. 모든 사람은 불신자로 태어납니다.

1) 부모가 그리스도인이라고 해도 자녀는 비그리스도인으로 태어난다는 뜻입니다.

(1) 교회생활로 신자가 되는 것이 아니라

(2) 예수그리스도를 믿음으로 신자가 되기 때문입니다.

2) 불신자가 사는 나라를 애굽이라고 합니다.

(1) 예수님은 애굽의 바로왕을 세상 임금이라고 하셨습니다. (요 12:31)
이제 이 세상에 대한 심판이 이르렀으니 이 세상의 임금이 쫓겨나리라

(2) 세상 임금은 사단입니다. 주님은 사단을 쫓아내기 위해 세상에 오셨습니다. (요 1서 3:8)
**죄를 짓는 자는 마귀에게 속하나니 마귀는 처음부터 범죄함이라 하나님의
아들이 나타나신 것은 마귀의 일을 멸하려 하심이라.**

3) 그리스도인이 사는 나라를 광야 또는 가나안이라고 합니다.

(1) 광야는 훈련이 필요한 그리스도인이 사는 곳이고

(2) 가나안은 복을 받을 그리스도인이 사는 곳입니다.

2. 모세를 따라 이스라엘 백성들이 애굽에서 홍해 길을 건너 광야로 왔습니다.

1) 애굽에서 광야로 오기 위해 홍해 길을 건너야 하는 것 같이 불신자가 신자가 되려면
반드시 예수그리스도를 통해야 합니다. (요 14:6)

예수께서 이르시되 내가 곧 길이요 진리요 생명이니 나로 말미암지 않고는 아버
지께로 올 자가 없느니라.

2) 그러므로 홍해 대로는 예수그리스도라는 고백이 필요합니다. 이 고백을 성령의 감동
이라고 합니다. (고전 12:3)

그러므로 내가 너희에게 알리노니 하나님의 영으로 말하는 자는 누구든지 예수
를 저주할 자라 하지 아니하고 또 성령으로 아니하고는 누구든지 예수를 주시라
할 수 없느니라.

3) 이스라엘 백성들이 애굽에서 보낸 마지막 밤에 양의 피를 문설주와 인방에 발랐습니
다. (출 12:6-7)

이 달 열나흗날까지 간직하였다가 해 질 때에 이스라엘 회중이 그 양을 잡고 그
피를 양을 먹을 집 좌우 문설주와 인방에 바르고

(1) 이스라엘이 먹고 그 피를 바른 양은 예수그리스도입니다.

(2) 예수그리스도의 희생이 있는 사람만 홍해를 건너고 그 외에 사람들은 그 누구라도
홍해를 건너지 못했습니다.

(3) 이스라엘 백성들처럼 애굽 땅에 태어나 홍해 길을 건너 광야로 넘어왔다는 간증이
있어야 영적이스라엘 즉 그리스도인입니다.

3. 홍해 길은 이스라엘 백성들을 무사히 건너게 하고 다시 물 속에 수장되었습니다.

1) 홍해 길이 예수그리스도이면 물 속에 수장된 길은 십자가에 죽은 예수그리스도입니다.

2) 이스라엘 백성들의 경험이 오늘날 그리스도인의 신앙고백입니다.

(1) 인간은 죄인입니다. (롬 3:23)

모든 사람이 죄를 범하였으매 하나님의 영광에 이르지 못하더니

(2) 죄의 값은 사망입니다. (롬 6:23)

죄의 삯은 사망이요, 하나님의 은사는 그리스도 예수 우리 주 안에 있는 영생
이니라.

(3) 예수님께서 죄 값으로 십자가에 죽으셨습니다. (롬 5:8)

우리가 아직 죄인 되었을 때에 그리스도께서 우리를 위하여 죽으심으로 하나
님께서 우리에 대한 자기의 사랑을 확증하셨느니라.

① 죄인이란 하나님과 원수관계입니다.
② 그러므로 사랑 받을 자격이 없습니다.
③ 그와 같은 우리를 위해 죽으셨기 때문에 하나님의 사랑이 확증된 것입니다.

(4) 우리는 그 예수님을 마음에 영접합니다. (요 1:12)

영접하는 자 곧 그 이름을 믿는 자들에게는 하나님의 자녀가 되는 권세를 주
셨으니

(5) 마음에 영접하고 그 은혜를 믿음으로 구원 받습니다. (엡 2:8-9)

너희는 그 은혜에 의하여 믿음으로 말미암아 구원을 받았으니 이것은 너희에
게서 난 것이 아니요 하나님의 선물이라. 행위에서 난 것이 아니니 이는 누구
든지 자랑하지 못하게 함이라.

① 은혜를 믿습니다.
② 그 은혜를 믿는 믿음도 하나님의 선물입니다.
③ 구원받는 일에 자신의 노력이 없어야 바른 구원입니다.

1. 모든 사람은 태어날 때 어느 나라 백성이었습니까?

2. 모든 사람이 불신자로 태어난다는 것은 모든 사람이 애굽 바로왕의 통치를 받는다는 것입니다.
   애굽 바로왕은 누구를 상징하고 있습니까?

3. 홍해 길을 무사히 건넌 사람들은 어떤 사람들이었나요?

4. 애굽에서 광야로 넘어온 것은 어떤 영적 교훈이 있나요?

5. 홍해 대로가 애굽에서 광야로 넘어오게 하는 유일한 방법입니다. 그러므로 홍해 대로는 무엇에 대한
   고백이 되어야 합니까?

6. 이스라엘을 건너게 하고 다시 물 속에 잠긴 홍해대로의 정체는 무엇입니까?

7. 홍해를 건넌 이스라엘 백성으로서 주님을 영접하는 기도문을 작성하시오.

제10과 거듭남의 비밀 (요 3:1-8절)

1 그런데 바리새인 중에 니고데모라 하는 사람이 있으니 유대인의 지도자라. 2 그가 밤에 예수께 와서 이르되 랍비여 우리가 당신은 하나님께로부터 오신 선생인 줄 아나이다. 하나님이 함께 하시지 아니하시면 당신이 행하시는 이 표적을 아무도 할 수 없음이니이다. 3 예수께서 대답하여 이르시되 진실로 진실로 네게 이르노니 사람이 거듭나지 아니하면 하나님의 나라를 볼 수 없느니라. 4 니고데모가 이르되 사람이 늙으면 어떻게 날 수 있사옵나이까, 두 번째 모태에 들어갔다가 날 수 있사옵나이까. 5 예수께서 대답하시되 진실로 진실로 네게 이르노니 사람이 물과 성령으로 나지 아니하면 하나님의 나라에 들어갈 수 없느니라. 6 육으로 난 것은 육이요, 영으로 난 것은 영이니 7 내가 네게 거듭나야 하겠다 하는 말을 놀랍게 여기지 말라. 8 바람이 임의로 불매 네가 그 소리는 들어도 어디서 와서 어디로 가는지 알지 못하나니 성령으로 난 사람도 다 그러하니라.

I. 어느 날 니고데모라는 사람이 예수님을 찾아왔습니다.

1. 니고데모는 어떤 사람입니까? (요 3:1)

그런데 바리새인 중에 니고데모라 하는 사람이 있으니 유대인의 지도자라

1) 바리새인입니다.

(1) 바리새인들은 엄격한 유대교를 신봉하는 사람들입니다. 예를 들면

① 하루에 3번 기도

② 일주일에 한 번 금식

③ 율법을 자신의 목숨보다 귀하게 여깁니다.

(2) 바리새인들은 이스라엘의 중심 세력입니다.

2) 유대인의 지도자입니다.

(1) 관원으로서 산헤드린 공회 회원입니다.

① 유대인의 최고 종교회의 기관으로 71명으로 구성되어 있습니다.

② 최고의 명예로운 자리이며 종신직입니다.

(2) 재판관의 직무도 있습니다.

(3) 랍비로서 율법 해석과 백성들의 생활 규범을 가르치고 결정하기도 합니다.

2. 그와 같은 니고데모가 예수님을 찾아왔습니다. (요 3:2절)

그가 밤에 예수께 와서 이르되 랍비여 우리가 당신은 하나님께로부터 오신 선생인 줄 아나이다. 하나님이 함께 하시지 아니하시면 당신이 행하시는 이 표적을 아무도 할 수 없음이니이다.

1) 니고데모는 예수님을 공개적으로 만난다는 것이 당시 사회적 신분상 수치스러운 일이 될 수 있습니다.

2) 그 뿐만 아니라 그가 예수님을 만났을 때 사람들로부터 비난이 두렵기도 했습니다.
   그러므로 그는 사람을 피하여 밤에 주님을 찾아왔습니다.

(1) 그리고 예수님을 랍비라고 부릅니다.

(2) 예수님을 하나님이 보낸 선지자로 인정했습니다.

　① 유대인의 지도자들은 예수님에 대하여 존경하는 마음이 전혀 없었습니다.

　② 니고데모는 유대인의 지도자 중 한 사람이지만 예수님을 존경하고 신뢰했습니다.

3) 니고데모가 예수님을 하나님의 선지자로 인정하는 이유는 표적 때문입니다.

(1) 나병환자를 치료합니다. (마 8:2-3)
한 나병환자가 나아와 절하며 이르되 주여 원하시면 저를 깨끗하게 하실 수 있나이다 하거늘, 예수께서 손을 내밀어 그에게 대시며 이르시되 내가 원하노니 깨끗함을 받으라 하시니 즉시 그의 나병이 깨끗하여진지라.

(2) 백부장의 하인을 치료합니다. (마 8:13)
예수께서 백부장에게 이르시되 가라 네 믿은 대로 될지어다 하시니 그 즉시 하인이 나으니라.

(3) 베드로장모의 열병이 떠나갑니다. (마 8:14-15)
예수께서 베드로의 집에 들어가사 그의 장모가 열병으로 앓아 누운 것을 보시고 그의 손을 만지시니 열병이 떠나가고 여인이 일어나서 예수께 수종들더라.

(4) 각색 병자와 귀신을 쫓아내었습니다. (마 8:16)
저물매 사람들이 귀신 들린 자를 많이 데리고 예수께 오거늘 예수께서 말씀으로 귀신들을 쫓아 내시고 병든 자들을 다 고치시니

(5) 풍랑을 잔잔하게 합니다. (마 8:26-27)

예수께서 이르시되 어찌하여 무서워하느냐 믿음이 작은 자들아 하시고 곧 일어나사 바람과 바다를 꾸짖으시니 아주 잔잔하게 되거늘 그 사람들이 놀랍게 여겨 이르되 이이가 어떠한 사람이기에 바람과 바다도 순종하는가 하더라.

(6) 중풍병자를 고쳤습니다. (마 9:6-8)

그러나 인자가 세상에서 죄를 사하는 권능이 있는 줄을 너희로 알게 하려 하노라 하시고 중풍병자에게 말씀하시되 일어나 네 침상을 가지고 집으로 가라 하시니, 그가 일어나 집으로 돌아가거늘 무리가 보고 두려워하며 이런 권능을 사람에게 주신 하나님께 영광을 돌리니라.

(7) 맹인의 눈을 뜨게 합니다. (마 9:29-31)

이에 예수께서 그들의 눈을 만지시며 이르시되 너희 믿음대로 되라 하시니 그 눈들이 밝아진지라 예수께서 엄히 경고하시되 삼가 아무에게도 알리지 말라 하셨으나 그들이 나가서 예수의 소문을 그 온 땅에 퍼뜨리니라.

(8) 가르치시며 선포하시며 치유하셨습니다. (마 9:35)

예수께서 모든 도시와 마을에 두루 다니사 그들의 회당에서 가르치시며 천국 복음을 전파하시며 모든 병과 모든 약한 것을 고치시니라.

4) 니고데모는 예수님을 존경하고 신뢰하는 이유가 주님의 표적때문이었습니다.

(1) 예수님은 본래 하나님입니다.

(2) 인간을 구원하시기 위해 사람으로 오셨습니다.

(3) 그리고 우리의 죄짐을 대신 짊어지셨습니다.

(4) 예수님은 우리의 구세주요 만왕의 왕입니다.

(5) 기적에 초점을 맞추는 것이 잘못입니다.

Ⅱ. 기독교 본질을 모르는 니고데모(교회지도자)에게 주님은 말씀합니다.

1. 거듭남의 비밀을 알아야 한다. (요 3:3-4)

예수께서 대답하여 이르시되 진실로 진실로 네게 이르노니 사람이 거듭나지 아니하면 하나님의 나라를 볼 수 없느니라. 니고데모가 이르되 사람이 늙으면 어떻게 날 수 있사옵나이까, 두 번째 모태에 들어갔다가 날 수 있사옵나이까.

1) 거듭난다는 말은 도덕적, 윤리적 변화를 말하는 것이 아닙니다.

　(1) 거듭난다는 말은 다시 태어난다는 뜻입니다.

　(2) 다시 태어나려면 현재의 생애가 죽어야 합니다.

2) 그러므로 니고데모는 내가 늙었는데 어떻게 모태에 다시 들어갈수 있느냐고 질문했습니다.

　(1) 니고데모는 거듭난다는 말을 바르게 이해했습니다.

　(2) 그러나 그 일은 불가능하지 않느냐는 반문입니다.

2. 예수님은 거듭나는 비결이 물과 성령이라고 말씀합니다. (요 3:5)

예수께서 대답하시되 진실로 진실로 네게 이르노니 사람이 물과 성령으로 나지 아니하면 하나님의 나라에 들어갈 수 없느니라.

1) 물은 하나님의 말씀입니다.

(1) 하나님의 말씀에 의하면 인간은 죄인입니다.

① 스스로가 주인입니다. (사 53:6)
우리는 다 양 같아서 그릇 행하여 각기 제 길로 갔거늘 여호와께서는 우리 모두의 죄악을 그에게 담당시키셨도다.

② 본질상 진노의 자녀입니다. (엡 2:3)
전에는 우리도 다 그 가운데서 우리 육체의 욕심을 따라 지내며 육체와 마음의 원하는 것을 하여 다른 이들과 같이 본질상 진노의 자녀이었더니

(2) 죄의 값은 죽음입니다.

① 죄가 있는 인간은 사망의 길로 갑니다. (잠 14:12)
어떤 길은 사람이 보기에 바르나 필경은 사망의 길이니라.

② 자연인으로 살다가 죽으면 반드시 지옥으로 갑니다. (눅 12:5)
마땅히 두려워할 자를 내가 너희에게 보이리니 곧 죽인 후에 또한 지옥에 던져 넣는 권세 있는 그를 두려워하라. 내가 참으로 너희에게 이르노니 그를 두려워하라.

(3) 예수님께서 사람의 죄 값이 되셨습니다.

① 예수님은 죄가 없으나 죄인으로 죽으셨습니다. (벧전 3:18)
그리스도께서도 단번에 죄를 위하여 죽으사 의인으로서 불의한 자를 대신하셨으니 이는 우리를 하나님 앞으로 인도하려 하심이라 육체로는 죽임을 당하시고 영으로는 살리심을 받으셨으니

② 하나님의 사랑은 예수그리스도입니다. (요1서 4:9-10)

하나님의 사랑이 우리에게 이렇게 나타난 바 되었으니 하나님이 자기의 독생자를 세상에 보내심은 그로 말미암아 우리를 살리려 하심이라. 사랑은 여기 있으니 우리가 하나님을 사랑한 것이 아니요, 하나님이 우리를 사랑하사 우리 죄를 속하기 위하여 화목제물로 그 아들을 보내셨음이라.

(4) 본래 자신의 죄 값은 자신이 치루어야지 죄가 없는 예수님이 죄 값을 치루는 것은 대단한 모순입니다.

① 어느 아들이 죄 짓고 왔는데 경찰관이 붙잡으러 왔습니다. 그때 그 아들이 자신의 어머니에게 대신 감옥에 가라면 불효 자식이 됩니다.

② 사람이 죄를 지었는데 그 벌을 본인이 받지 않고 예수님이 받아야 한다면 어떤 불효 자식처럼 모순이 됩니다.

③ 예수님은 죄인인 나를 대신하신 것입니다. 그 사실을 믿는다면 예수님의 죽음을 나 자신의 죽음이라는 고백이 필요합니다.

④ 다시 말해서 그분이 죽었다면 나도 죽은 것입니다. (갈 2:20)
내가 그리스도와 함께 십자가에 못 박혔나니 그런즉 이제는 내가 사는 것이 아니요, 오직 내 안에 그리스도께서 사시는 것이라. 이제 내가 육체 가운데 사는 것은 나를 사랑하사 나를 위하여 자기 자신을 버리신 하나님의 아들을 믿는 믿음 안에서 사는 것이라.

⑤ 그러므로 그분의 부활도 나의 영생이 됩니다. (롬 6:5)
만일 우리가 그의 죽으심과 같은 모양으로 연합한 자가 되었으면 또한 그의 부활과 같은 모양으로 연합한 자도 되리라.

(5) 위에 언급한 말씀의 내용을 예수님은 물이라고 표현하였습니다.

2) 이제 말씀인 물이 믿어지는 것은 성령의 역사입니다.

(1) 성령의 감동으로 오는 믿음이 아니면 구원에 이르는 믿음이 될 수 없습니다. (고전 12:3)

그러므로 내가 너희에게 알리노니 하나님의 영으로 말하는 자는 누구든지 예수를 저주할 자라 하지 아니하고 또 성령으로 아니하고는 누구든지 예수를 주시라 할 수 없느니라.

(2) 믿음 자체를 성령의 역사로 보는 것입니다.

그러므로 물(말씀)과 성령으로 거듭남이 이루어집니다.

Ⅲ. 본문이 주는 교훈

1. 기독교인이 되는 순서는 거듭남이 첫째입니다.

1) 먼저 예수님을 개인적으로 영접합니다. (계 3:20)

볼지어다 내가 문 밖에 서서 두드리노니 누구든지 내 음성을 듣고 문을 열면 내가 그에게로 들어가 그와 더불어 먹고 그는 나와 더불어 먹으리라.

2) 예수님의 십자가 죽음과 부활의 승리가 내 안에서 이루어지는 것을 경험적으로 고백합니다. (고전 11:23-26)

내가 너희에게 전한 것은 주께 받은 것이니 곧 주 예수께서 잡히시던 밤에 떡을 가지사 축사하시고 떼어 이르시되 이것은 너희를 위하는 내 몸이니 이것을 행하여 나를 기념하라 하시고, 식후에 또한 그와 같이 잔을 가지시고 이르시되 이 잔은 내 피로 세운 새 언약이니 이것을 행하여 마실 때마다 나를 기념하라 하셨으니 너희가 이 떡을 먹으며 이 잔을 마실 때마다 주의 죽으심을 그가 오실 때까지 전하는 것이니라.

(1) 주님의 죽음이 나의 죽음이므로 내가 죽다.

(2) 주님의 부활이 나의 영생이 되므로 내가 다시 살다.

(3) 그러므로 거듭났다는 고백입니다.

2. 거듭난 기독교인의 두 번째 순서는 교회 생활입니다.

1) 거듭남(새로 태어남)이 있는 후 교회 생활이 시작됩니다.

(1) 교회 생활은 새로운 생애를 보호하는 곳입니다.

(2) 교회를 통해 신앙이 성장하도록 양육을 받습니다.

① 제자훈련과
② 교회 공동체 생활과
③ 교회 제도에 순종하는 것입니다.

2) 교회는 하나님 아버지 집입니다.

(1) 하나님의 자녀는 하나님 아버지의 집에 오는 것입니다.

(2) 하나님의 자녀는 하나님 아버지 집에서 복을 받습니다.

3. 거듭난 기독교인의 세 번째 순서는 하나님의 통치입니다.

1) 신앙의 성숙은 하나님의 통치와 정비례합니다.

(1) 구원 받았으니 구원을 이루어야 합니다. (벧전 2:2)

갓난 아기들 같이 순전하고 신령한 젖을 사모하라 이는 그로 말미암아 너희로 구원에 이르도록 자라게 하려 함이라.

① 창조주 하나님이신 예수님이 그 목숨을 우리의 죄 값으로 지불했습니다. 그러므로 우리는 은혜(공짜)로 구원 받았으나 하나님 편에서는 엄청난 희생을 치루었습니다.

② 구원 받은자가 구원을 소홀히 여기면 예수님을 무시하는 불경죄가 됩니다.

③ 하나님의 통치와 하나님의 주인됨의 확대를 위해 노력하는 것을 구원 받았으니 구원을 이루라는 말씀입니다.

(2) 신자가 자신의 생애에서 하나님의 통치의 폭을 넓히는 것을 신앙의 성숙도라고 합니다.

(3) 하나님의 말씀을 양식으로 삼는 것이 성숙의 비결입니다.

2) 하나님의 통치의 외형적인 모양이 도덕적 윤리적 발전입니다.

(1) 거듭남의 출발이 없는 사람이 교회 생활을 통해 도덕적, 윤리적 발전이 있을 수 있습니다. 그와 같은 도덕적, 윤리적 확대는 신앙 성숙과 관계가 없습니다.

(2) 거듭남의 출발이 있는 도덕적, 윤리적 변화는 신앙 성숙입니다.

① 겉을 가꾸지 말고 거듭남의 출발이 중요합니다.

② 거듭남의 출발이 없는 겉만 가꾸는 사람들을 예수님이 책망하셨습니다.

(마 23:27-28)

화 있을진저 외식하는 서기관들과 바리새인들이여 회칠한 무덤 같으니 겉으로는 아름답게 보이나 그 안에는 죽은 사람의 뼈와 모든 더러운 것이 가득하도다. 이와 같이 너희도 겉으로는 사람에게 옳게 보이되 안으로는 외식과 불법이 가득하도다.

4. 거듭남의 경험적 고백이 없는 신자에게 오는 특징이 있습니다.

1) 천주교에 대한 분별력이 없습니다.

2) 이단에 대처하는 능력이 준비되지 못했습니다.

3) 기독교의 본질을 이해하지 못해 신앙의 갈등을 극복하지 못합니다.

4) 방법론이 목적론이 되어 교회 생활에서 혼란을 초래합니다.

1. 거듭난다는 말의 단어적 해석은 무엇입니까?

_____

2. 물과 성령으로 거듭난다고 할 때 물은 무엇입니까?

_____

3. 물과 성령으로 거듭난다고 할 때 성령은 무엇입니까?

_____

4. 기독교인의 첫 번째 문은 거듭남입니다. 거듭난 신자들의 두 번째 문은 무엇입니까?

_____

5. 거듭난 신자에게 세 번째 순서는 무엇입니까?

_____

6. 한국교회가 부흥하는 가장 유일한 방법은 무엇일까요?

_____

7. 당신은 니고데모의 신앙관과 어떤 차이가 있습니까?

_____

제11과 거짓선지자 교훈 (마 7:15-23절)

15 거짓 선지자들을 삼가라 양의 옷을 입고 너희에게 나아오나 속에는 노략질하는 이리라. 16 그들의 열매로 그들을 알지니 가시나무에서 포도를, 또는 엉겅퀴에서 무화과를 따겠느냐. 17 이와 같이 좋은 나무마다 아름다운 열매를 맺고 못된 나무가 나쁜 열매를 맺나니. 18 좋은 나무가 나쁜 열매를 맺을 수 없고 못된 나무가 아름다운 열매를 맺을 수 없느니라. 19 아름다운 열매를 맺지 아니하는 나무마다 찍혀 불에 던져지느니라. 20 이러므로 그들의 열매로 그들을 알리라. 21 나더러 주여 주여 하는 자마다 다 천국에 들어갈 것이 아니요 다만 하늘에 계신 내 아버지의 뜻대로 행하는 자라야 들어가리라. 22 그 날에 많은 사람이 나더러 이르되 주여 주여 우리가 주의 이름으로 선지자 노릇 하며 주의 이름으로 귀신을 쫓아 내며 주의 이름으로 많은 권능을 행하지 아니하였나이까 하리니 23 그 때에 내가 그들에게 밝히 말하되 내가 너희를 도무지 알지 못하니 불법을 행하는 자들아 내게서 떠나가라 하리라.

I. 어떤 선지자를 소개합니다.

1. 여기 선지자의 자기 고백입니다. (마 7:22)

그 날에 많은 사람이 나더러 이르되 주여 주여 우리가 주의 이름으로 선지자 노릇 하며 주의 이름으로 귀신을 쫓아내며 주의 이름으로 많은 권능을 행하지 아니하였나이까 하리니

1) 첫 번째는 주의 이름으로 선지자 사역하였습니다.

　(1) 평생 목회를 했는데 자신의 영달이 아니라 주님을 영화롭게 했습니다.

　(2) 모든 일에 자신을 감추고 오직 주님만 드러냈습니다.

2) 두 번째는 주의 이름으로 귀신을 쫓아내었습니다.

　(1) 귀신들린 사람에게 기도만하면 귀신이 나갔습니다.

　(2) 모든 사람들에게 존경을 받아 마땅하지만 그럴 때마다 영광을 받지 않고 하나님께
　　　돌렸습니다.

3) 세 번째는 주의 이름으로 많은 권능을 행했습니다.

　(1) 예를 들면 태풍에 다리가 끊어졌는데 기도하니까 다리가 생겨 건너게 되었습니다.

　(2) 그와 같은 권능을 행했으나 자신의 은사인 것을 사람들은 알지 못합니다.
　　　자신을 드러내지 않고 오직 하나님만 자랑했습니다.

**2. 여기 선지자는 이렇게 평생을 헌신하다가 때가 되어 인생을 마치고 주님 앞에
　왔습니다. (마 7:23)**

그 때에 내가 그들에게 밝히 말하되 내가 너희를 도무지 알지 못하니 불법을 행하
는 자들아 내게서 떠나가라 하리라.

**1) 그 선지자는 기대하기를 주님은 그 눈에서 눈물을 씻어주시고 잘했다 수고했다
　칭찬할 줄 알았는데 의외로 책망을 듣게 됩니다.**

　(1) 내가 너를 모른다.

(2) 그러므로 네가 하는 일은 불법이다.

(3) 내게서 떠나가라 그러므로 지옥으로 갔습니다.

2) 여기 선지자에게는 참으로 상상할 수 없는 엄청난 사건입니다.

(1) 천국인지 알았는데 지옥이라는 이와 같은 일이 누구에게나 있을 수 있습니다.

(2) 그러므로 이런 일이 생길 수밖에 없는 원인을 분석해야 합니다.

3. 그리스도인을 3종류의 나무로 상징합니다.

1) 첫 번째는 포도나무입니다. (시 80:8-9)
주께서 한 포도나무를 애굽에서 가져다가 민족들을 쫓아내시고 그것을 심으셨나이다. 주께서 그 앞서 가꾸셨으므로 그 뿌리가 깊이 박혀서 땅에 가득하며

2) 두 번째는 무화과나무입니다. (삿 9:10-11)
나무들이 또 무화과나무에게 이르되 너는 와서 우리 위에 왕이 되라 하매, 무화과나무가 그들에게 이르되 나의 단 것과 나의 아름다운 열매를 내가 어찌 버리고 가서 나무들 위에 우쭐대리요 한지라.

3) 세 번째는 감람나무입니다. (롬 11:17-18)
또한 가지 얼마가 꺾이었는데 돌감람나무인 네가 그들 중에 접붙임이 되어 참감람나무 뿌리의 진액을 함께 받는 자가 되었은즉 그 가지들을 향하여 자랑하지 말라. 자랑할지라도 네가 뿌리를 보전하는 것이 아니요, 뿌리가 너를 보전하는 것이니라.

4. 불신자 역시 나무로 상징합니다.

1) 불신자의 자아상

(1) 땅은 인간의 근본 (창 2:7)

여호와 하나님이 땅의 흙으로 사람을 지으시고 생기를 그 코에 불어넣으시니 사람이 생령이 되니라.

① 흙의 근본이 땅입니다.

② 그러므로 땅은 인간의 근본입니다.

(2) 선악과 먹은 이후(불신자) 인간의 근본 (창 3:18)

땅이 네게 가시덤불과 엉겅퀴를 낼 것이라 네가 먹을 것은 밭의 채소인즉

① 인간의 본성에는 가시덤불과 엉겅퀴가 자랍니다.

② 이기심 또는 자기 사랑의 심리 상태를 말합니다.

2) 그러므로 가시나무는 불신자를 상징합니다. (삿 9:14-15)

이에 모든 나무가 가시나무에게 이르되 너는 와서 우리 위에 왕이 되라 하매 가시나무가 나무들에게 이르되 만일 너희가 참으로 내게 기름을 부어 너희 위에 왕으로 삼겠거든 와서 내 그늘에 피하라. 그리하지 아니하면 불이 가시나무에서 나와서 레바논의 백향목을 사를 것이니라 하였느니라.

(1) 나무들이 그리스도인을 상징하는 감람나무에게 왕이 되라 하였으나 거절합니다.

(2) 나무들이 그리스도인을 상징하는 무화과나무에게 왕이 되라 하였으나 거절합니다.

(3) 나무들이 그리스도인을 상징하는 포도나무에게 왕이 되라 하였으나 거절합니다.

(4) 나무들이 가시나무에게 왕이 되라 하여 허락합니다. 이유는 자기 발견이 없는 불신자이기 때문입니다.

II. 구원을 얻지 못한 선지자 이야기입니다.

1. 어떤 선지자가 인생을 마치고 주님 앞에 왔습니다.

1) 그때 주님은 내가 너를 모른다고 말씀합니다.

  (1) 하나님의 자녀가 아닙니다.

  (2) 생명책에 이름이 기록되지 않았다는 뜻입니다.

2) 하나님과 관계 설정이 없는 사람의 모든 봉사는 불법이 됩니다.

3) 주님은 "내게서 떠나가라"고 말씀함으로 지옥으로 갔습니다.

2. 구원이 없는 선지자는 하나님이 버린 것이 아닙니다. 본인이 예수님을 개인적으로 영접하지 않았습니다. (마 7:15-20)

거짓 선지자들을 삼가라 양의 옷을 입고 너희에게 나아오나 속에는 노략질하는 이리라. 그들의 열매로 그들을 알지니 가시나무에서 포도를, 또는 엉겅퀴에서 무화과를 따겠느냐. 이와 같이 좋은 나무마다 아름다운 열매를 맺고 못된 나무가 나쁜 열매를 맺나니, 좋은 나무가 나쁜 열매를 맺을 수 없고 못된 나무가 아름다운 열매를 맺을 수 없느니라. 아름다운 열매를 맺지 아니하는 나무마다 찍혀 불에 던져지느니라. 이러므로 그들의 열매로 그들을 알리라.

1) 가시나무인데 포도 열매를 가지고 주님께 왔고 엉겅퀴인데 무화과 열매를 가지고
   주님께 왔습니다.

   (1) 가시나무에는 포도가 열릴 수 없습니다. 가시나무이면 가시 열매입니다. 그런데 본인이
       포도나무라고 착각했으니 그의 사역이 포도열매라고 스스로에게 속고 있었습니다.

   (2) 엉겅퀴이면 무화과가 열릴 수 없습니다. 엉겅퀴이면 엉겅퀴 열매입니다. 그러나 본인은
       무화과나무라고 스스로에게 속고 있었으니 그의 사역이 무화과 열매라고 생각했다는
       것입니다.

       ① 불신자인데 교회 생활(신앙 생활)에 유능했습니다.
       ② 교회 생활에 유능함 때문에 구원의 문제가 해결된 것으로 스스로 속고
          살았다는 것입니다.

2) 모든 사람은 불신자로 태어납니다. 다시 말해서 하나님의 형상을 가지고 하나님과
   단절되어 있습니다.

   (1) 그러므로 하나님을 찾는 본성이 있습니다.

       ① 하나님을 찾아 각기 자기 종교를 가지게 됩니다.
       ② 기독교 외는 길을 잘못 들어선 인생의 길입니다.

   (2) 모든 자연인은 선을 추구하고 선을 행했을 때 행복하고 만족이 옵니다.

       ① 교회 생활 자체가 선을 추구하는 본성을 채워주기에 충분합니다.
       ② 그러므로 교회 생활의 유능함 또는 도덕적 발전을 구원으로
          잘못 생각할 수 있습니다.

3. 그리스도인의 출발은 거듭남(구원)입니다.

1) 교회에 등록을 하면 교회 생활을 훈련시킬 것이 아니라 구원의 확신을 가질 수 있는 프로그램이 중요합니다.

2) 그러나 어떤 경우에는 출생(거듭남 또는 구원)을 확인하지 않고 양육(교회 생활)의 발전으로만 신앙을 진단하는 오류가 있을 수 있습니다.

    (1) 그러므로 구원 받지 못한 그러나 교회 생활에 유능한 사람들이 생긴다는 것입니다.

    (2) 이와 같이 구원의 간증이 없어도 얼마든지 절차를 밟아(신학 교육) 선지자(목사)가 될 수도 있습니다.

III. 본문이 주는 교훈

1. 어떤 선지자는 평생 쌓은 신앙이 한 순간에 허물어졌습니다.

1) 주의 이름으로 선지자 노릇했고

2) 주의 이름으로 귀신 쫓아냈고

3) 주의 이름으로 수많은 권능을 행했습니다.

    (1) 그러나 주님은 "내가 너를 모른다." 이렇게 말씀합니다. (존재론적)

    (2) 내가 너를 모르니 너의 모든 행동은 불법이라는 것입니다. (현상론적)

    (3) 결국 쫓겨났고 지옥 불에 떨어지게 됩니다.

2. 본문은 평생 주님의 이름으로 사역한 후 생애를 마치고 주님 앞에 서게 된 어떤 목회자이야기입니다.

1) 평생의 헌신적 목회가 선을 추구하는 본성에서 오는 도덕적 발전이었다는 것입니다.

2) 그 도덕적 발전은 교회가 장려해야 하는 소중한 열매입니다.

3) 문제는 거듭남이라는 개인적 구원의 출발이 없었다는 것입니다.

  (1) 구원이 이루어지지 않으면 하나님과 관계 설정이 없습니다.

  (2) 선지자는 사역을 가지고 왔고 주님은 관계 설정이 없다(너를 모른다)라고 결론을
      내리셨습니다.

1. 어떤 선지자가 주님 앞에 와서 3가지 사역을 보고합니다. 그 내용은 무엇입니까?

2. 그리스도인을 각각 어떤 나무로 상징하나요?

3. 불신자는 무슨 나무로 상징합니까?

4. 본문의 선지자는 어떤 나무입니까?

5. 본문의 선지자는 가시나무(엉겅퀴)이면서 포도 열매(무화과)를 가져왔다는 것에 대해 설명하시오.

6. 주님이 그 선지자에게 내가 너를 모른다고 한 이유가 무엇입니까?

7. 거듭남의 출발이 없으면 무슨 나무이며 그러므로 무슨 열매입니까?

제12과 종말과 심판 (마 25:1-13절)

1 그 때에 천국은 마치 등을 들고 신랑을 맞으러 나간 열 처녀와 같다 하리니 2 그 중의 다섯은 미련하고 다섯은 슬기 있는 자라. 3 미련한 자들은 등을 가지되 기름을 가지지 아니하고 4 슬기 있는 자들은 그릇에 기름을 담아 등과 함께 가져갔더니 5 신랑이 더디 오므로 다 졸며 잘새 6 밤중에 소리가 나되 보라 신랑이로다 맞으러 나오라 하매 7 이에 그 처녀들이 다 일어나 등을 준비할새 8 미련한 자들이 슬기 있는 자들에게 이르되 우리 등불이 꺼져가니 너희 기름을 좀 나눠 달라 하거늘 9 슬기 있는 자들이 대답하여 이르되 우리와 너희가 쓰기에 다 부족할까 하노니 차라리 파는 자들에게 가서 너희 쓸 것을 사라 하니 10 그들이 사러 간 사이에 신랑이 오므로 준비하였던 자들은 함께 혼인 잔치에 들어가고 문은 닫힌지라. 11 그 후에 남은 처녀들이 와서 이르되 주여 주여 우리에게 열어 주소서. 12 대답하여 이르되 진실로 너희에게 이르노니 내가 너희를 알지 못하노라 하였느니라. 13 그런즉 깨어 있으라 너희는 그 날과 그 때를 알지 못하느니라.

Ⅰ. 교회 안에 사람들입니다.

1. 교회 다니는 모든 사람을 열처녀로 비유합니다. (마 25:1)

그 때에 천국은 마치 등을 들고 신랑을 맞으러 나간 열 처녀와 같다 하리니

1) 인류 단위로 묶으면 지구상의 20억 신자입니다.

2) 대한민국 단위로 묶으면 1천만 신자입니다.

3) 금포교회 단위로 묶으면 1만명 신자(희망 사항)입니다.

2. 열처녀 중 5명은 미련하고 5명은 슬기롭습니다. (마 25:2-4)

그 중의 다섯은 미련하고 다섯은 슬기 있는 자라 미련한 자들은 등을 가지되 기름을 가지지 아니하고 슬기 있는 자들은 그릇에 기름을 담아 등과 함께 가져갔더니

1) 모든 처녀(신자)는 신랑을 기다립니다.

(1) 기다리는 신랑은 재림 예수입니다.

(2) 주의 재림을 기다리는 것이 모든 신자의 공통된 희망입니다.

① 주의 재림이 오늘의 삶에 영향력을 미치는 것을 종말론적 신앙이라고 합니다.

② 신앙 생활의 중심이 종말론적 신앙관이어야 합니다.

2) 미련한 처녀는 기름 없는 등불을 가졌습니다.

(1) 기름이 없으면 등불도 없어야 합니다.

(2) 그러므로 기름 없는 등불은 가짜입니다.

3) 슬기있는 처녀는 기름 있는 등불입니다.

(1) 기름이 있으면 등불도 있습니다.

(2) 그러므로 기름 있는 등불은 진짜입니다.

3. 재림 예수님은 어느 시대에나 오신다고 예고되어 있었습니다. (마 25:5-6절)

신랑이 더디 오므로 다 졸며 잘새 밤중에 소리가 나되 보라 신랑이로다 맞으러 나오라 하매

1) 예수님은 승천하실 때 약속 (행 1:6-11)

그들이 모였을 때에 예수께 여쭈어 이르되 주께서 이스라엘 나라를 회복하심이 이 때니이까 하니 이르시되 때와 시기는 아버지께서 자기의 권한에 두셨으니 너희가 알 바 아니요, 오직 성령이 너희에게 임하시면 너희가 권능을 받고 예루살렘과 온 유대와 사마리아와 땅 끝까지 이르러 내 증인이 되리라 하시니라. 이 말씀을 마치시고 그들이 보는데 올려져 가시니 구름이 그를 가리어 보이지 않게 하더라. 올라가실 때에 제자들이 자세히 하늘을 쳐다보고 있는데 흰 옷 입은 두 사람이 그들 곁에 서서 이르되 갈릴리 사람들아 어찌하여 서서 하늘을 쳐다보느냐, 너희 가운데서 하늘로 올려지신 이 예수는 하늘로 가심을 본 그대로 오시리라 하였느니라.

2) 승천 후 지금까지 (계 22:20)

이것들을 증언하신 이가 이르시되 내가 진실로 속히 오리라 하시거늘 아멘 주 예수여 오시옵소서.

(1) 모든 그리스도인은 자기 생애에 주님의 재림이 있다고 믿습니다.

(2) 그런데 주의 재림은 2000년 동안 이루어지지 않았습니다.

(3) 그러므로 사람들은 재림에 대해 잊고 있었습니다.

3) 그러나 주님은 도적같이 오십니다. (살전 5:1-3)

형제들아 때와 시기에 관하여는 너희에게 쓸 것이 없음은 주의 날이 밤에 도둑 같이 이를 줄을 너희 자신이 자세히 알기 때문이라. 그들이 평안하다, 안전하다 할 그 때에 임신한 여자에게 해산의 고통이 이름과 같이 멸망이 갑자기 그들에게 이르리니 결코 피하지 못하리라.

4. 주님을 만날 때는 반드시 자기 등불이 있어야 합니다. (마 25:7)

이에 그 처녀들이 다 일어나 등을 준비할새

1) 여기에 등불은 봉사 또는 헌신입니다.

(1) 봉사 또는 헌신은 구원에 대한 반응입니다.

(2) 그러므로 모든 신자는 주님 만날 때 봉사 또는 헌신이라는 등불을 들어야 합니다.

2) 등불을 밝히는 기름은 성령입니다. (고전 12:3)

그러므로 내가 너희에게 알리노니 하나님의 영으로 말하는 자는 누구든지 예수 를 저주할 자라 하지 아니하고 또 성령으로 아니하고는 누구든지 예수를 주시라 할 수 없느니라.

(1) 신자의 구원은 성령님의 역사입니다.

(2) 자신의 신앙 고백이 성령의 감동으로 오는 고백이 아니라 이성의 고백인지 스스로 진단해야 합니다.

5. 참 빛이신 주님이 가까이 오니 거짓 빛인 기름 없는 등불은 빛이 아니라는 것이 드러나기 시작합니다. (마 25:8-10)

미련한 자들이 슬기 있는 자들에게 이르되 우리 등불이 꺼져가니 너희 기름을 좀 나눠 달라 하거늘, 슬기 있는 자들이 대답하여 이르되 우리와 너희가 쓰기에 다 부족할까 하노니 차라리 파는 자들에게 가서 너희 쓸 것을 사라 하니, 그들이 사러 간 사이에 신랑이 오므로 준비하였던 자들은 함께 혼인 잔치에 들어가고 문은 닫힌지라.

1) 참 빛이 오기 전에는 그 누구도 거짓 빛을 분별하지 못합니다.

2) 참 빛이 오기 전에는 자기 자신까지도 분별할 수 없었다는 것이 비극입니다.

(1) 성령의 기름은 사고 팔거나 빌릴 수 없습니다.

(2) 기름 없는 등불 든 5처녀가 기름을 구하러 간 사이 재림 예수님은 오셨습니다.

(3) 기름 있는 등불을 든 슬기로운 5처녀는 신랑 예수님과 함께 혼인잔치(천국)에 들어갔습니다.

(4) 구원의 문이 닫힌 후에 미련한 5처녀가 도착했으나 천국문은 열리지 않았습니다.

6. 주님은 문을 열어달라는 미련한 5처녀에게 이렇게 말씀합니다. (마 25:11-13)

그 후에 남은 처녀들이 와서 이르되 주여 주여 우리에게 열어 주소서. 대답하여 이르되 진실로 너희에게 이르노니 내가 너희를 알지 못하노라 하였느니라. 그런 즉 깨어 있으라. 너희는 그 날과 그 때를 알지 못하느니라.

1) 나는 너를 알지 못한다.

(1) 예수님을 영접하지 않았습니다.

(2) 하나님의 자녀가 아닙니다.

2) 그러므로 깨어 있어야 한다.

(1) 주님 오시기 전에 구원의 확신을 가져야 합니다.

(2) 출생이 있어야 성장이 가능하다는 공식을 기억해야 합니다.

3) 주의 재림의 날과 때는 아무도 모릅니다.

(1) 하나님만 아십니다.

(2) 누군가 주님의 재림 일을 안다면 그가 하나님입니다.

(3) 그러므로 재림 날을 예언한 사람은 이단이 분명합니다.

II. 교회 안에 구원받은 신자와 구원받지 못한 신자가 있습니다.

1. 10처녀 비유에서는 5:5비율입니다.

1) 개교회의 비율이 반드시 5:5는 아닙니다. 왜냐하면 그 교회의 담임목사의 복음에 따라 다를 수 있습니다.

2) 성령이 제시한 5:5는 전체적인 비율입니다.

　(1) 우리시대에는 복음교회 복음목사를 만나는 것이 귀중한 일입니다.

　(2) 복음을 알면 도덕이나 윤리는 규범이 아니라 자연스러운 열매가 됩니다.

2. 성령의 감동으로 시작하기 위해서 자기 발견이 필수조건입니다.

1) 예수님은 죄인을 부르러 오셨습니다. (마 9:13)
　너희는 가서 내가 긍휼을 원하고 제사를 원하지 아니하노라. 하신 뜻이 무엇인지 배우라 나는 의인을 부르러 온 것이 아니요 죄인을 부르러 왔노라 하시니라.

2) 자신을 죄인이라고 고백하는 것이 자신을 구원의 길로 가게 합니다. (딤전1:15)
　미쁘다. 모든 사람이 받을 만한 이 말이여 그리스도 예수께서 죄인을 구원하시려고 세상에 임하셨다 하였도다 죄인중에 내가 괴수니라.

3) 죄인이라는 고백과 함께 성령의 임재가 있습니다.

(1) 죄인의 기도는 성령이 함께 합니다.

(2) 죄인의 찬송도 성령이 함께 합니다.

(3) 죄인의 순종 역시 성령이 함께 합니다.

3. 다른 은사를 통해 구원의 확신이 성령의 역사인 것을 증명해야 합니다.

1) 자신이 슬기로운 5처녀인지 미련한 5처녀인지 알 수 없습니다.

(1) 교리 구원은 구원이 아닙니다.

(2) 구원의 지식이 아니라 구원의 경험입니다.

2) 그러기 때문에 다른 성령 체험이 있으면 구원의 확신이 성령의 감동이라고 분명히 고백할 수 있습니다.

1. 교회 안에 두 종류의 사람으로 구분하여 설명하시오

2. 모든 그리스도인은 누구를 기다리고 있습니까?

3. 주님을 만나기 위해서는 누구나 자기 등불을 준비해야 합니다. 자기 등불은 무엇입니까?

4. 등불 밝히는 기름은 무엇에 대한 상징입니까?

5. 기름이 없는 등불과 기름 있는 등불의 차이가 무엇입니까?

6. 등불이 없으면 무엇이 없는 것입니까?

7. 기름 없는 등불이 가능한 이유가 무엇입니까?

MEMO

MEMO